JN142428

子どもの学力がグングン伸びる古典音読＊目次

第一章　音読指導三十年の成果

第二章　子どもたちを変え、地域を変えた音読学習

第三章　山口小学校での実践が教えてくれたこと

第四章　基礎基本の徹底で必ず子どもは伸びていく

第五章　読み書き計算が高機能な脳をつくる

付録　音読のポイントとおすすめ音読テキスト

◉音読を行う上でのポイント

◉おすすめ音読テキスト　さぁ、実践してみよう！

装幀——鈴木大輔・江﨑輝海・仲條世菜（ソウルデザイン）
装画——はぎのたえこ
付録デザイン——スタジオ・ファム
編集協力——柏木孝之

第一章　音読指導三十年の成果

「音読というのは
声を出して読めばいいだけでしょう」と、
ほとんどの人は簡単なことのように思っています。
しかし、子どもにとって「読むこと」は難しいことなのです。
それは音読させて初めて気づくことですが、
意外なほど「読めない」のです。

◉たどり着いたのは古典的な寺子屋時代の教育法だった

　私が小学校で音読指導を始めてから三十年が経《た》ちます。教師として最先端の教育はなんだろうと常に考えながら指導方法を模索し続けてきました。しかしその結果、たどりついた学習方法は日本の伝統的な指導法、つまり素読《そどく》をはじめとする読み書き計算の徹底反復であったのです。このことがわかって私自身衝撃を受けました。

　なぜなら最先端を求めてより良い方法を突き詰めていっているのに、たどりついたのは古典的な寺子屋時代の教育法だったからです。そしてその結果は、指導した私自身も驚くほど驚異的なものでした。

　しかし、これが三十年追い求めた答えなのです。読み書き計算という基礎基本となる部分を大事にすると、子どもたちの能力が飛躍的に伸びていく様子は他のどの方法より効果的だったのです。次頁のグラフは、陰山メソッドを導入した飯塚市のある小学校の偏差値向上の記録です。年々伸びていっている様子が一目瞭然です。

　こうした読み書き計算の指導をより効果的にするためにいろいろ試していると、ま

継続は力。平成25年からの奇跡

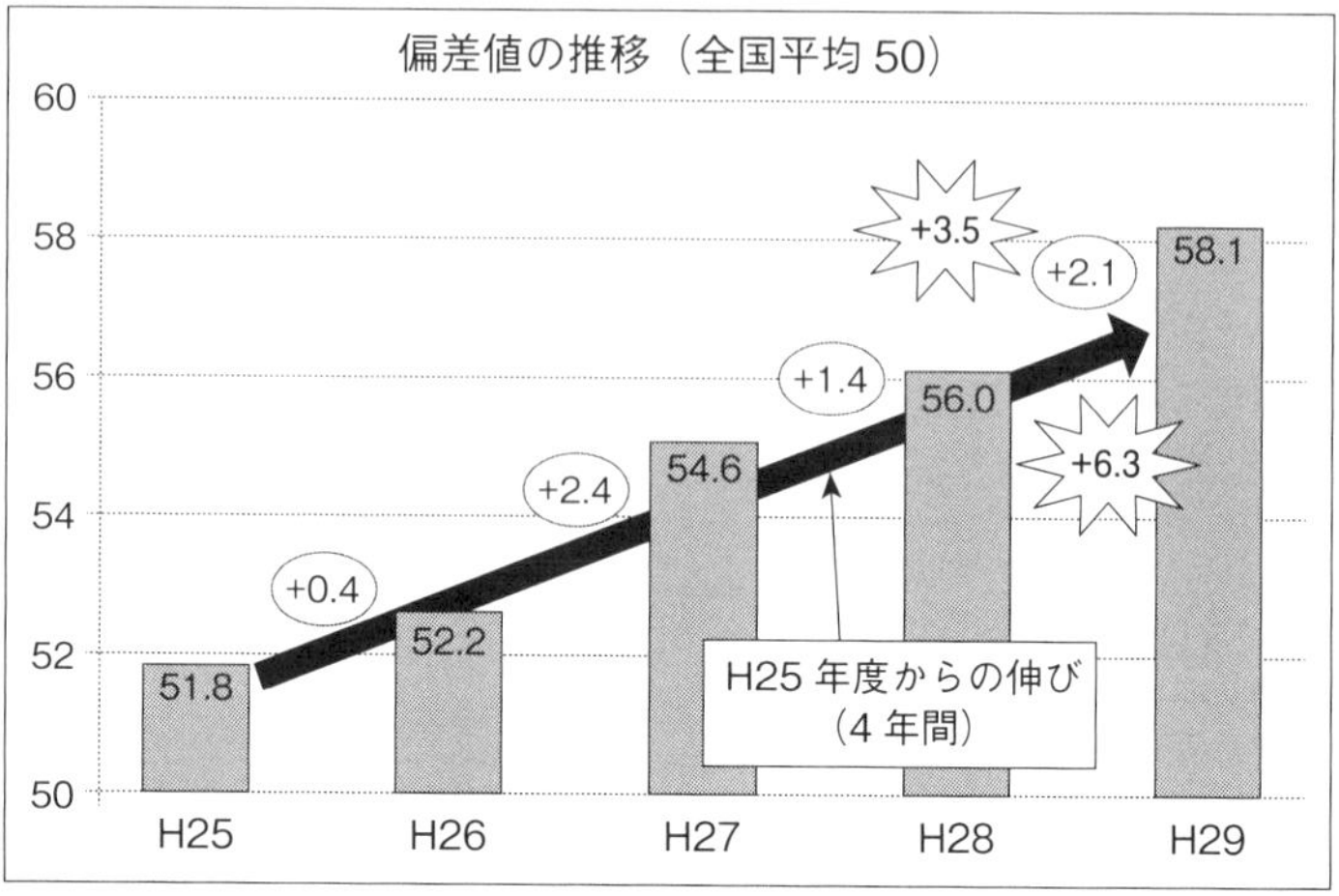

た驚くことに突き当たりました。読み書き計算をより伸ばすために必要なのは、さらに古典的な立腰《りつよう》教育であったり、呼吸法であったり、鉛筆の持ち方や運筆練習といった伝統的で基礎的なものだったのです。未来を追いかける最先端への道のりは、気がつけば古典への回帰だったのです。そしてその成長ぶりは、常に私の予想を超えたものでした。

◉陰山メソッドを後押ししてくれた立腰教育

現在、陰山メソッドと呼ばれるようになった指導法に地域全体で取り組んでおられる最先端の地域は福岡県の筑豊《ちくほう》地区です。具体的には飯塚市や田川市ということになるのですが、周辺部の鞍手町立西川小学校でも実践されています。

きっかけとなったのは飯塚市のある小学校です。いくつかの不幸な要因が重なり、全部の学級が崩壊し、学校がまともに機能せず、一年間のうちに校長、教頭がともに病気療養に追い込まれたというのです。ここまでくると、簡単には改善しません。いろいろな試行錯誤の中で、私にその学校の改革方法を教えてほしいという話がきました。

私も、それまでいくつかの学校でそうした相談を受け、また成果も挙げており、自信はあったので引き受けたのです。そして実際に学校に行き、その学校のデータを見せてもらうと、血の気が引くような悪寒《おかん》が走ったのをよく覚えています。そのテストの得点はかつて見たことがない低い数値だったのです。どうしたらこんなに低くできるのか、勉強がわからないとかできないとか、そんなレベルのものではないと思いました。とにかくそこにある数値の意味がわからなかったのです。

この状態で、うまくいくはずがないと思い、「この話なかったことにできませんか」――思わずそんなことを口走ってしまいました。それほどに困惑したのです。

でも、そんな失礼な話が通るはずもありません。そこで私も覚悟して、新しくやって来た女性校長に提案しました。

「信じる者は救われます。私を信じて、徹底してやってください」

そんな観念論を言っても説得力はなかったでしょう。けれどもその女性校長を中心に学校が一丸となって実践されたため、何と一年で子どもの状況は改善し、二年目には学力テストにおいて全国平均を超えました。改善されたことを小学校に伝えに来た教育長の感謝の言葉に、先生方は涙して喜ばれたといいます。そしてそれを受け、陰山メソッドは市内全部の小学校で実施されることになりました。

そのキックオフのイベントで教育長が「飯塚市は陰山メソッドで行くのです。陰山先生には、飯塚市の教育に魂を入れていただくために来ていただきました」と訓示されました。これも私には衝撃でした。

「えっ、教育長は陰山って名前を使われたよね。それってもうあとには引けないということで、成功しか私には道がなくなったということだよね」

教育長の横でその言葉を聞いていて、これまた身震いしてしまいました。

結論から言えば、この実践は大成功していくわけですが、最近なぜそれが福岡県だったのかということも見えてきました。というのは、福岡県では、市町村の教育委員会が自立的に教育づくりができるよう改革されていることが一つ、そしてもう一つの理由は伝統的な教育が生きているということです。それが立腰教育です。

福岡県の教育関係者と話をしていると、当たり前のように立腰の話が出てきます。

立腰教育とは、教育哲学者の森信三先生が提唱されたもので、腰骨を立てることを重視するという指導法です。要するに背筋を伸ばすということです。これを続けると頭がはっきりして、集中力や持続力が増すと考えられています。この立腰は、長年受け継がれてきた日本の伝統的指導方法のひとつです。

陰山メソッドを導入して子どもたちに「向上しよう」という意欲のスイッチが入ったとき、この立腰が大きな効果を発揮するのです。やはり集中力の入り方が違うのです。

◉驚異的な学力向上に成功した西川小学校

この地域にはもう一つ重要な学校があります。それは鞍手町立西川小学校です。西川小学校は、全校児童が七十名あまりの小さな無名の小学校で、私自身も視察依頼を受けるまで、全く知らない学校でした。この学校では、二〇一二（平成二十四）年から独自に陰山メソッドを導入して実践していました。その様子を一度見てほしいと依頼されて視察に行ったのです。

正直なところ、そんなに優れた実践がされていることは期待していませんでした。というのも、陰山メソッドは読み書き計算という当たり前の指導です。ですから簡単に実践できると思われますが、押さえるべきポイントがあり、単独の実践で成果の出ているところというのはそれまでなかったからです。

しかし事前に見せてもらった映像がなかなかよく、行ってみたいと思うようになったのです。実際に行ってみると見事な実践でした。子どもたちが生き生きとしていました。一年生の教室から見せてもらったのですが、いきなり『枕草子』の「春はあけぼの」という音読から始まり、次々と暗唱していく様子に度肝を抜かれました。

聞いてみると、私が出版している『徹底反復音読プリント』はほぼ全文覚えているそうで、これまたびっくりしました。そして今は『徹底反復音読プリント2』に挑戦しているとのこと、世の中にこんなすごい学校が無名で存在していることも衝撃でした。

しかし、ここも福岡県の学校、根底に立腰の指導があるのを感じました。

これらの基礎の基礎ともいえることを丹念にやっていくことが、実は音読や百ます計算などにも好影響を与えているのですが、なかなかそこまで行き届くことは少なく、私もそうしたことまで伝えることはしていなかったのです。しかしこの姿を見ると、これらは集中力を高めることに大きな効果を発揮しているようです。立腰の指導などによって培われた集中力と陰山メソッドの実践が合わさったときに、とてつもなく子どもたちが成長していくということが明らかになってきたのです。

ずば抜けた音読指導を実現していた西川小学校ですが、やはりその学力データは凄まじいものでした。陰山メソッドを導入する前は、全国学力テストで全国平均を下回っていました。国語Bがマイナス十七ポイント、算数Bがマイナス八ポイントですからかなり低いレベルです。しかし、メソッド導入五年後には国語Bが全国平均よりプラス二十二・五ポイント、算数Bがプラス三十ポイントと、いずれも四十ポイント近く増えました。全国平均プラス十ポイントでも相当高い数値ですから、これは考えられない数値です。

この成績を生み出す上で、中核となったのが、古文の音読や暗唱だったのです。西川小学校では、先生が拍子木でリズムを取るのに合わせて、一年生の子どもたち全員が声を揃えて『学問のすゝめ』や『枕草子』を音読していました。リズムを取ることによって、皆の声が揃ってきて、元気よく読んでいました。先生はまだ教師になって四年目という若い先生でしたが、素晴らしい指導をされていました。子どもたちは堂々としていて理想的でした。

六年生の教室へ行くと、十一人の児童がいました。ここでは芥川龍之介の『蜘蛛の糸』の六百字程度の文章を完全に諳《そら》んじていました。それもあっという間に覚えてしまうというのです。その暗唱は今まで見たことがないほど圧倒的なものでした。

私はその様子を見ながら、暗唱がここまでできるのなら、計算もすごいはずだと思いました。暗唱と計算は関係ないように思われるかもしれませんが、暗唱も計算も脳の働きによります。

そこで私は計算の様子を見せてほしいとお願いしました。視察予定には入っていなかったのですが、無理にお願いをしてやってもらったのです。

先生の「よーい、ドン」の合図で、余りのある割り算百問でタイムを競う百割計算が始まりました。またしても衝撃です。私の目は点になりました。大人が百割計算をしても、五分でできたらそれは相当速いのです。ところが、ここの子どもたちはほとんどが二分前後しかかかりませんでした。凄まじいスピードです。他の学校でも二分でできる子は何人かはいますが、西川小学校のようにほとんど全員ができるのは見たことがありませんでした。

ちなみにこの西川小学校で陰山メソッドを体験した第一期生十一人の児童は、その後一学年百四十四名の中学に進学していきました。そして、新入生テストにおいて、トップ二十名のうちの十名を占めたそうです。これもありえないことです。
私の知らないところで、どうしてここまでの指導ができたのか。本当に衝撃でした。

◉過疎地に子育て世代が移り住むように

子どもたちの能力という点では、勉強以外にも変化がありました。いろいろな作業が短時間で終わるようになったそうです。学校でやる田植えや稲刈りの作業がそれまでの半分ぐらいの時間で終わってしまうというのです。音読や計算がこうした作業に影響しているなどということは、一般的に関係があるとは思われないでしょう。でも大きく関係するのです。音読や計算の徹底反復によって意志が強くなり、賢く、人間としての底力がついてきているのです。

西川小学校のある鞍手町は高齢化が進んでいます。塾もなく、勉強のためには恵まれた地域とは言えません。それをなんとかしようとして、私がかつて校長を務めた尾道の土堂小学校に見学に行って授業の様子をビデオに撮り、それを編集して現場の先生方に見せてやり方を知ってもらい、私のメソッドを独自に解釈して実践してきたのです。

この初めての西川小学校の訪問の様子は、岡山県の山陽放送によって取材をされ、「メッセージ」という番組で放映されました。この中で算数が苦手だったという六年生の子どもが描かれています。彼は計算を一所懸命練習する中で、百問の割り算を高速に行う百割計算を一分あまりで行うという、見ていて神業のような計算を見せています。その算数苦手だった子が、将来は学校の先生になりたいと言いました。まさしくそれは長年の学習の積み上げ効果によってもたらされたものだと言えます。

またある女の子は、大きくなったら町会議員になって地域に貢献したいと語っています。読み書き計算の学習効果はこうした人間性を高める上でも大きな意義を生むものなのです。

鞍手町は、過疎化も進んでいます。でも西川小学校の生徒たちの圧倒的な高学力が話題になり、最近は子育て家族が転居してきているそうです。マンションもアパートもないような過疎地に子育て世代が引っ越してくるとは、普通では考えられないことです。でも、そこで教育を受けさせたいと保護者は考えているのです。教育は地域の風景や様子さえも変えてしまうのです。

前述のように、西川小学校を卒業した子どもたちは、中学校に進んでも好成績を挙げています。その結果は当然、高校入試にも反映してきます。レベルの高い高校に進学できれば、大学の選択肢も全く変わってきます。見方によっては、人生が変わってくるといえるわけです。

しかも、そのためにより多くの教育資金が必要になるわけでもありません。学校が終わってからどこかの塾に子どもを通わせる必要もないのです。

◉「村を育てる学力」と「村を捨てる学力」

この西川小学校を知る中で、私はひとりの教師の問いかけを思い出します。私の地元兵庫県の校長先生で、昭和の時代、全国的に有名になった東井《とうい》義雄という先生です。この東井先生の最大の著作は『村を育てる学力』（明治図書）という本です。この本は私にとって非常に重いテーマを提起していました。

東井先生は本の中で、学力には二つあると言われています。「村を育てる学力」と「村を捨てる学力」です。学力向上を目指す私としては、東井先生から「陰山君、君はどっちの学力を子どもたちにつけたいのかね？」と、いつも問われているような気がしていたのです。そういう問いかけが私の心の中にいつもあったのです。

東井先生のお話を聞いたことが一度だけあります。子どもの命を輝かせる学習とは何か、いたずらに学力数値の向上に目を奪われてはいけないと説かれていました。

私が最初に音読学習を始めた山口小学校の教え子の中には、村から出ていって今は大学教授をやっている教え子もいます。医者もいます。一方、地元に残って地域を盛り立てようとしている教え子もたくさんいます。等しく言えるのは、みんな非常に立派に元気にやっているということです。そうした教え子の活躍はＳＮＳを通じて伝わってきます。

こうした子どもたちの姿に触れるたび、私にとって「村を育てる学力」はすべての子どもに確かな学力をつけることで達成されるのではないかと考えるようになりました。そうして故郷の先輩教師の問いかけに、私は少し答えられたのではないかと思っています。

多くの子どもの学力が伸びて、有名大学に進学したという実績も大事なことです。ですが、それだけで終わってしまっては意味がありません。学力を基礎として子どもたちが社会に貢献する人間にまで成長してくれることが一番大事なことです。古文や漢文の音読教育の実践などによって、それが実現したのではないかと思っています。

◉私の指導法を取り入れたのに、学力が低下してきたのはなぜか

西川小学校でもそうですが、陰山メソッドでは一年生から古文や漢文を音読暗唱させます。それらの文章を、意味もわからないのに音読させるのは子どもにとって苦痛だろうと多くの人は考えるでしょう。でも、意味はわからなくてもかまわないのです。とにかく声に出して読むことが大切で、そのために重要なのは、意味よりリズムです。古文や漢文はリズムがいいから読みやすいのです。

ひょっとして意味がわからないというのは、子どもにとってはいいことなのかもしれません。なぜかというと、この時期の子どもは、リズムのある文章を喜びます。またこうしたリズムのいい文章を単純に覚えることについては大人以上に力を発揮します。ですから、意味が少し難しいものでも、すごく難しいものでも、関係なく吸収してしまいます。

子どもたちが惹かれていくのは言葉としてのリズムのよさと、なんとなく漂ってくる美しさとか奥深さといったものです。

そういう時期だからこそ、難しいと思うようなものでも与えればいいのです。すると、子どもたちはどんどん吸収していきます。

一方、今から十数年前、読み書き計算の反復練習をするという私の指導法を取り入れている小学校がありました。当時はパッとしない学校でしたが、真剣に取り入れて五、六年経つうちに目覚ましく学力が上昇してきました。

ところが最近、その学校の学力が低下してきたというので見に行きました。教室に入った瞬間に、「これはダメだ」と思いました。音読をしている文章が一年生でも一回読めばわかるような平仮名ばかりで書かれた簡単なものだったからです。

また、漢字学習も単元ごとに少しずつ学習する教材に替わっていました。

平仮名だらけの簡単な文章を何度も読ませても意味はありません。国語の授業で、一回読んで「この文章は面白いね」で終わるのならそれでいいのですが、子どもたちの言語能力を鍛え上げる教材としては不向きです。その結果として、見事なまでに成績が落ちてしまったわけです。

素読とは、同じ文章を何度も読んでいくうちに理解が高まっていくものです。ですから、一定以上の高いレベルの文章を読むところに意義があります。古典の名文を何回も読んでいるうちに気がついたら暗唱してしまっていたというのが、望ましいあり方なのです。

しかし、意味もあってリズムもいい文章というと、意外に多くはありません。つまり、子どもを伸ばす文章は慎重に選ばないといけないのです。そうやって選んだ文章を集めたのが、私が小学館から出している『徹底反復音読プリント』です。そして、実際に多くの学校を見て回ると、このドリルを教材として使っている学校は伸びています。

音読すべき教材とは何かを考え、徹底しないと、いくら形だけ真似してもダメだという証明になっています。なんのために音読をしているのかを指導者が理解していなくてはいけません。

学習とは目当てがあり、計画があり、教材があり、指導があり、最後にテストによって測定をします。これがバラバラでは意味がないのです。ですから私は「陰山メソッドでやるのならこの教材を使ってください」と言うのです。

学習において、方法と教材は一体の関係です。目的に合った教材を選ばないと効果がないのです。音読をすれば脳は活性化するということは東北大学の川島隆太先生の研究などによっても明らかになっていますが、それが学力向上に至るには、それに合った教材や指導のあり方が必要なのです。

私の主宰しているスコーラという塾で、子どもたちが一番喜んで暗記暗唱したのは『論語』でした。子どもにとっては、内容はともかく「子曰く」から続く文章の言葉のリズムを味わうのが楽しいのです。

スコーラは一週間に一回五十分の中で読み書き計算に取り組むので、音読だけに限っていうと一週間に一回十分ぐらいしか指導できません。あとは宿題なのですが、そうした枠組の中でも伸びていきます。短いものなら、一瞬にして覚えるという場面も出てきています。

◉教科書が読めない子どもたち

幼少期から読み書き計算、特に音読を反復継続することが子どもたちの脳の働きを高めるのですが、その蓄積された力は中学・高校以降の学習や生き方にも大きなプラスをもたらします。

山口小学校のある卒業生が高校時代、定期試験の前日に小学校に遊びに来ました。来てくれたのはうれしく、懐かしいのですが、テストの前日です。それで「早く帰って勉強したらどうだ」と促しました。

すると、その子は「定期試験の範囲くらいなら、一晩あればだいたい覚えてしまうから大丈夫。そもそも他の小学校から来た友達があの程度を覚えられないというのがわからない」と豪語したのでびっくりしました。

また高校で古文の授業が始まったとき、多くの友達が「わ〜、難しい」と言うのに、山口小学校の卒業生は、「わ〜、懐かしい」と言っていたそうで、テストでも圧倒的な高得点が取れていたそうです。


音読が基礎学力の向上につながるのには理由があります。

近年、子どもたちの読解力が落ちているという話がよく出ています。でもこれは近年話題になっているだけで、実際はずっと以前から小学校高学年以上になると、大半の子どもは教科書が読めないのが実態でした。またこれは読解ができないというレベルのことではなく、実際はもっと深刻です。漢字がわからず、教科書の文章を読むのがたどたどしいのです。

それは音読させてみればすぐにわかります。あちこちで詰まって、読んでも意味がまるで伝わらないのです。しかし、音読させないと本人もそこに気づきません。だからそのままにしてしまい、読めているつもりになっているのです。「教科書は読めているはずなのに、どうして読解ができないのだろう」と思っているとしたら、そもそも認識が違うのです。

「音読というのは声を出して読めばいいだけでしょう」と、ほとんどの人は簡単なことのように思っています。しかし、子どもにとって「読むこと」は難しいことなのです。それは音読させて初めて気づくことですが、意外なほど「読めない」のです。


特に小学校高学年以上の社会科の教科書は、読めない子どものほうが多数です。その理由は何かというと、読めない漢字が多いからです。社会科には特有の産業や経済の用語、歴史上の人名や出来事など、固有名詞や、漢字で作られた専門用語がマシンガンのごとく出てきます。ですから、その度に詰まってしまうわけです。

その点では、国語の教科書のほうが読みやすいと言えます。小学校高学年の国語の教科書は漢字よりも平仮名のほうが多いし、出てくる漢字も日常生活の中で目にするものが比較的多いからです。

子どもたちが教科書を読めると考えている人は、おそらく国語の教科書を音読するというイメージを持っているのかもしれません。しかしそれは錯覚で、現実はほぼ読めないといっていい状況です。そしてそれは最近始まったことではなく、少なくとも私が教師になってから状況は基本的には変わっていません。


私が最初に音読指導をしたのは兵庫県朝来町立山口小学校に在職していたときでした。古文や漢文の指導を始める前から、基礎学力の向上を目的として、音読カードを子どもたちに持たせて、教科書の音読をさせるということを全校挙げてやっていました。そして毎日ちゃんと子どもたちが音読をしているかどうかをチェックするために、音読カードに○や△や×などのマークを付けて、お家の人のサインや判子をもらうという工夫をしていました。

この実践が世に知られるようになってからは、全国各地の小学校で音読カードを持たせて、音読を宿題にするところが増えてきました。今も、このやり方は多くの小学校で実践されています。

しかし、その意義を本当にわかって実践されているのか、怪しいと思います。というのも本当に読めているかどうかをきちんと把握するのは面倒なので、読めているかどうかをきちんとチェックしている場合が少ないからです。そして音読カードの○×にしても、いい加減な場合が多いものです。

私の感覚では、全員にきちんと読ませるのはなかなか大変です。実際に音読してみるとわかりますが、音読は体力を使います。疲れます。そして苦手な子は簡単にはうまくなりません。ですから、実際はチェックもせずに、音読カードにサインがあればそれで読めるものとしてしまうことが多いのです。

社会などの音読では、授業の初めに全員に読ませ、不合格の子どもは廊下で練習させて再テストしていました。教室内で練習させるとうるさいからです。毎日音読させていれば、わずか一文節読ませただけでも前日練習したかどうかはすぐわかります。こうして全力で指導をしても、完全に読ませることは難しいものなのです。

◉教育の常識の罠

有漢西《うかんにし》小学校のある岡山県は、近年、全国学力テストの結果が不調でした。それを心配した地元の山陽放送が、どうすべきかを考えるイベントを行い、私もそこに出演しました。その様子はテレビ番組として放映され、それを見ていた一人が、当時の有漢西小学校校長、金尾先生でした。金尾校長先生は、番組を見たその瞬間に陰山メソッドを取り入れようと決意され、すぐに私の事務所に来られて、メソッドの導入を依頼されたのです。

私は快諾し、一か月後、学校を訪問しました。先生方の授業を見せてもらい感じたのは、とても丁寧でいい授業をされているということ。そしてとても熱心だったことでした。

でも私は思ったのです。だから伸びないのだと。

熱心で丁寧にされている授業なのに、私はなぜ伸びないと判断したのでしょうか。実はここに教育の常識の罠《わな》があるのです。多くの人が信じるいい授業というものは、本当に効果があるかどうかが検証されているわけではありません。そして指導の結果を数値で示すことに慎重です。そのため授業がいいかどうかというのは、その指導が効果的であるかどうかより、いかに子どもに丁寧に接しているかというモラル的な観点で見てしまいがちなのです。

では、それのどこがどう問題なのでしょうか。確かに先生は熱心で丁寧なのですが、そのために子どもは授業でお客さんになってしまっているのです。先生は熱心に動いているのですが、子どもは何もせず待っていればよく、受け身になってしまっているのです。子どもは、丁寧に授業している先生の授業では、いっそうの丁寧さを求めて動かなくなるのです。

そして先生は動かない子どもをなんとかしたいと思い、いっそう丁寧に授業の準備をするのですが、やはり子どもはなかなか動きません。結果として、成果が出ないのに夜遅くまで授業の準備に追われることになるのです。

私が見たとき、有漢西小学校はそういう状態でした。

私はそこで当然読み書き計算の徹底反復の指導を提案しました。しかし、正直なところ先生方の反応はいいものばかりではありませんでした。なぜなら、丁寧な指導を目指して頑張っているのに、それと正反対と思える指導を私が提案したからです。

具体的にいうと、読み書き計算を短時間で反復するのに余分な声かけは必要ありません。むしろじゃまです。私が提起したのは「流れ作業」です。音読してすぐに百ます計算、その切り替えには一秒もあれば十分です。毎日やっているのですから、あらかじめプリントを机に用意しておけばいいだけです。すぐに子どもはやるようになりますから、教師は「はい、計算」くらい言えばいいだけです。そこでは「今日もよく頑張ったね」など言うことすらマイナスでしかありません。逆に集中を削いでしまうからです。

子どもを励ます声かけが必要という観念は、いい教師でありたいと思っている教師ほど強く持っているものです。ですから、私が「流れ作業の要領でやってください」と助言すると、当初抵抗が強かったのです。

でも、私はそれでいいと思っていました。なぜって子どものために頑張りたいという気持ちは、指導の原動力ですから。

そして実際に始まって一か月もすると、音読もスムーズにいくようになっていきました。特に二人のベテランと若手の女性の先生は、短期間にコツをつかみ、一年後には、他の地区で実践発表ができるほどになりました。そして学校全体を盛り上げ、指導は学校ぐるみになっていきました。

◉音読指導で一番重要なのは教師の範読

では音読指導はどのようにすればいいでしょうか。

音読で一番重要なのは、教師がいい読み方のお手本を示すこと、つまり範読です。

子どもにはっきりと聞こえるクリアな声で、口形に注意してしっかり発音しないといけません。こもった声やしゃがれた声というのは、どうしても聞き取りにくく、範読にはマイナスです。しかし、もともとそうした声の質の人もいると思います。ですから、そうした人ほど、口の開け方や声の質に注意し、練習する必要があります。声の質というのはそれほどに指導にとって重要なのです。

そういうわけで、範読は練習すべきものです。でもなかなかする人はいません。その重要性が知られていないことや、子どもが簡単に読めるようになるという錯覚があります。

でも、本当の理由は別にあります。それは、音読はエネルギーを使いますし、疲れるからです。それは子どもも同様であり、徹底して音読するのはなかなか大変なのです。

範読するときは、お互いの負担を下げる意味でも、当初は読みやすいよう、短く区切って読む必要があります。一文ずつ、一文節ずつくらいに短く切って読むといいのです。

短いと思われるかもしれませんが、子どもが頭の中に覚えておける言葉の量は大人が思う以上に少ないのです。ですから、最初は本当に短くし、慣れてくれば少しずつ増やしていきます。

まず教師の範読が終われば、その教師が読んだ部分を読ませていきます。でも初めてのときは、子どもはまともに声を出しません。めんどくさいと思っている場合もありますが、多くは、適切な発声がわからないのです。それで最初の一文は、そこだけ何度も声をしっかり出せるまで繰り返し読ませます。そうして反復すると子どもの声の調子が少し上がり、甲高さが出てきます。そこまで最初に繰り返します。

こうすると、子どもの声はそろって大きく、クリアになってきますが、実はその中に必ずと言っていいほど、口をただ開けているだけで、まともに声を出していない子どもがいます。

それを避けるため、机間巡視といって、子どもの中に入り、少し姿勢を低くしながら子どもの声を聴いていきます。すると、みんなの声に混じって普通は聞こえないひとりひとりの声が聞こえてきます。

声が出ていない子どもには、全体が音読をしていても個別に指導を入れていきます。それが全体指導の中の個別指導です。個別に子どもの声を聞いているからこそ、上手に読めている子どもと読めていない子どもの違いがわかり、指導しやすくなるのです。

こうして短く区切りながら読ませていると、だんだん滑《なめ》らかに音読できるようになってきます。そうなったとき、音読の速さを上げていきます。

調子を整えるため、拍子木などを使う先生も多くいます。リズムを揃え、スピードを上げていくにはいい方法です。

スピードはだんだん上げ、かなりの速さまで上げていくといいでしょう。それでは文章が味わえないという批判をする人も出てきます。それは勘違いです。読み味わう音読は朗読です。しかし、これは文章を頭の中に入れるトレーニングです。ですから文章の意味を教える必要もありません。重要なのは、文章のリズムです。

ただ、意味は教えるべきではないということでもありません。簡単に教えてもかまいません。何度も読んでいくうちになんとなく子どもは意味を察するようになることもあります。その程度でいいのです。意味を理解しないといけないというのは、従来の古文の学習からくる強迫観念です。

意味を理解しなくても、その文章のリズムを面白いと感じると、子どもはその文章を覚えてしまうものです。その単純記憶の力は大人をはるかに超えてしまいます。

こうした指導を通じて、有漢西小学校は学力を高めていきました。

◉素晴らしい指導を実践していた新卒の女性教師

そのようにして三年が経過したとき、私はまた年度始めの五月に有漢西小学校を訪問しました。すでに校長先生は金尾先生から本倉先生に代わっていました。今回はメソッド導入時からいた先生が転勤するなど、人事異動が大きく、指導の継続が難しくなっていることが心配でした。しかし、杞憂《きゆう》でした。本倉校長先生が実にうまく実践の継続をマネジメントされていたのです。

そこで私はまた衝撃を受ける授業を見てしまいました。それは、音読から百ます計算、と子どもの学習活動を変えるとき、それを瞬間にやってしまい、しかも見事な声で音読指導をしている若い女性の先生の授業でした。

その先生は穏やかで優しい表情ですが、学級は集中力に満ちています。立っている姿に品位があります。範読の声も素晴らしく、一言一言がすっと子どもに入っていくようでした。見覚えがない先生なので、転任してきた先生というのはわかりました。いったいどこでこんな指導法を身につけられたのだろう。

そこで私は校長先生に尋ねました。

「あの先生は、教職何年目の先生ですか。お若いのに指導が堂々としていて、素晴らしく、只者には見えないのですが」

そして、返ってきた言葉が衝撃だったのです。

「この先生、新卒なんです。ですから、教壇に立つのは今年が初めてなんです」

「えっ、では二か月前は学生ということですか？　どこかで講師として勤務されていたのではないですか？」

「いいえ、教師は全く初めてです」

そんなことがあるのかと思ったら、追い打ちをかけるように、校長先生はこう付け加えられたのです。

「あの先生、採用試験にまだ通ってなくて、今年は講師なんです」

「え〜、教師不足の時代にそんなことがあるんですか？」

「彼女は、本当に教師になりたくて、教育実習に行った先の学校が素晴らしかったと、教育実習が終わったあとも志願してその学校の支援ボランティアまでしていたらしいのです」

このときばかりは、彼女を不合格にした試験官が馬鹿だと思いました。いったいどこを見ているんだと。

しかし、それはそれとして、なぜ経験もない中であんなにも子どもを高めることができるのか。私は彼女の指導の秘密を知りたくなり、彼女の指導の特色を探しました。すると、顔の一部が他の人と全く違う動きをしていることに気が付きました。

そこで私は校長先生に聞きました。

「あの先生、大学で声を鍛えるような活動をしていませんか？」

「そういえば、声楽か何かをしているとか言っていたような……」

その答えは正確ではなく、彼女は声楽もしていましたが、放送部出身なのでした。それを聞き、私はうれしくなりました。というのも、私も放送部出身だからです。

私は大学を卒業するときはアナウンサー志望で、放送局のアナウンサー試験ばかり受けていました。そのため就活の年には、毎日二時間は発声練習をしていました。

彼女の口の上のほうの動きは、まさしく放送の発声練習からくる独特の動きだったのです。

正しく発声するには、口の形は最重要です。はっきりとした声を生むには、口の形を正しくするため、発声練習で口の形を決める筋肉を鍛える必要があるのです。そのため、口の動きが普通の人とは違ってくるのです。

「そうか放送部出身者は、教師に向いているんだ」と、私は自分勝手な結論に満足していました。

私は後輩ともいえるその先生を無性に応援したくなり、彼女を勇気づける話をしてあげたいと思いました。そこで放課後に来てもらい、とっておきの話をしたのです。

それは、ある有名な女性教師の話です。

女性の先生が心底授業実践にのめりこむと、多くの人はやがて一人のカリスマ女性教師に行き当たります。それは戦前戦後に活躍された国語教育の神様、大村はま先生です。

大村はま先生は国語教師として、まさしく声の質にこだわった先生でした。自分の声がいけないと思い、劇団に通って声を鍛えられました。そして自分の授業中の声をチェックするためにテープレコーダーを買われて、自分の授業を録音されました。戦後の貧しさから抜け出ていない時代のことで、テープレコーダーは高価だったはずです。誰でも買える機器ではありません。大村先生はそんな時代に授業研究の目的でテープレコーダーを使われたのです。

私は土堂《つちどう》小学校の校長時代、最晩年の時期に大村はま先生をお呼びし、視察していただきました。そして視察後、近くの公会堂で講演をしていただきました。その講演終了後、想定外のことが起きました。多くの女性の先生が帰らず、大村先生の生の声を身近に聞くために檀上に登っていったのです。そして列をなして大村先生の手に触れようとするのです。さらに驚いたのは、みなさん大村先生の手に触れながら涙を流して感動されていたのです。

まさしく神に救いを求める人々の姿です。私はそのことを思い出したのです。

私はその先生に大村はま先生のことを話しました。そして「令和の大村はま先生を目指してください」とお話ししました。

正式採用になっていないことは、本人にとっては相当きつかったはずです。その悔しさを癒やし、前向きに進んでくれることを願い、私にできる最大限の応援をしたかったのです。

その先生も涙ぐみながら「頑張ります」と言ってくれました。その先生、いつか本当に令和の大村はま先生になってくれるんじゃないかなと思っています。

◉子どもはやりがいのあるものを求めている

子どもはやりがいのあるものを求めています。子どもたちは難しいものを嫌がると思われていますが、それは基礎力がなく、伸び悩む経験が積み重なった結果です。きちんと基礎から順番にやっていけば、困難と思ったものもできるようになりますから、どんどん高度なものを求めるようになってきます。

いつだったかすごく伸びた子どもたちに、難しい問題ばかりのプリントをさせて、その間に事務仕事を済ませてしまおうとしたことがあります。すると、そう簡単には解けないはずの問題をその子たちは十分くらいで解いてしまい、私は困ってしまいました。しかも、その中の一人がにこにこしながら「先生、もっと難しい問題出して」と言いました。そのときは、最大限難しい問題を用意していたので、それ以上の問題を作るのは難しく、子どもの成長を怖いとすら感じました。

特に最近の子どもは、いろいろな学習の機会が増え、本当に勉強が好きという子が増えています。

学校で学習する内容はあらかじめ決められたものです。でも「これをこなすのが勉強」という固定観念では対応できない時代です。ですから、そんな固定観念にとらわれない必要があります。開き直って、どんな手を使ってでもいいから子どもが伸びるだけ伸ばしていいのです。

過激に思われるかもしれませんが、それくらいに構えていないと、どうしても従来の方法にひきずられることになりがちです。指導要領に書かれている指針や教科書に書いてある内容はあくまで一つの基準です。文部科学省もそう考えていますし、指導要領自体にも、実態が許すなら他の方法も試していいと書かれています。常識に縛られず自由に考えると、子どもを伸ばすためのいろいろなやり方が新しく見つかってきます。

いろんなやり方を試して思うのは、子どもは自分自身の成長を感じさせてくれるものを求めているということです。読む価値のある文章、暗唱する価値のある文章を求めているということを強く感じます。そうなると小学校の低学年でも古文や漢文を読ませることに行きつくのです。

子どもにおもねるような面白可笑《おか》しい文章を暗唱させている学校もありますし、そういう教材も見ます。とても残念です。そういうものを与えてもほとんど意味がないからです。音読がいいというのでやっています――そんな感じなのでしょうか。それよりも、長い歴史を潜り抜けてきた名作とか古典の文章を音読、暗唱させてこそ子どもの真価が発揮されます。

子どもたちに「古文漢文を音読暗唱するなんてすごいね。先生たちはこの文章を高校で勉強したんだよ」と言うと、とても喜びます。子どもたちもそうしたものを暗唱できると、いろいろな年代の人から褒《ほ》められるし、嬉しいのです。そこに世代を超えた共通の話題もできてきます。

細かい意味をどうこう言うより、「大体こんなことが書いてあるんだよ」と言えば子どもたちにも伝わりますから、子どもたちなりに「おおっ」と思えるところもあって、意外とハマる子が出てきます。

もちろん暗唱にまでいたらない子もいるかもしれません。でも大丈夫。これは指導要領の枠外です。できなくても評価を下げる必要はないのです。しかし、いずれ学習する古文に小学校で触れる経験は後々生きてきます。古文や漢文を小学校の早い時期から音読暗唱するというのは、とても大きなメリットがあるわけです。

音読指導を三十年以上続けてきて、それが市民権を得、ようやく広がってきたという点ではよかったと思っています。しかし、内実を見ると、やっとスタートラインに立ったように感じています。あまりにも形式的な指導が多く、本当に子どもを伸ばす指導を提起しなければと強く思います。私が陰山式スコーラを始めたのも、引き続き子どもを伸ばす方法を探っていかなければと思ったからです。

三十年あまり経ってようやく読み書き計算が定着したと思ったら、そこから子どもの新しい可能性が見えてきました。子どもの可能性というのは底知れないと改めて感じます。この三十年間、あの手この手を使って子どもの能力を引き出し、伸ばそうと頑張ってきましたが、実はまだ何もわかっていなかったと思うようになりました。

山を登ればそこは中腹《ちゅうふく》で、頂上はまだ見えない先にある。命続く限りそこを目指したい。また私ができなくても、その意思を継いでくれる人を育てておきたい――それが現在の偽らざる心境です。

第二章

子どもたちを変え、地域を変えた音読学習

子どもたちの読み書き計算の
実践の効果は、学習面だけでなく、
精神面にまで及びます。しかも、それは
始めた瞬間から表れるのです。

◉脳が休む時間をなくすことが音読指導のポイント

教科書をきちんと読んでおくことは、授業が成立する条件です。教科書すら読めないのでは学習についていくことも不可能ですから、それは最低限求められる条件です。その点で、音読が広がっていることには意味があります。

とはいえ、そのやり方にはまだまだ課題があります。例えば、音読を陰山メソッドでやっている学校でさえ、かなりレベルの違いがあります。朝の十分十五分の時間の中から五分程度を使って音読暗唱をさせている学校が多いのですが、本当にレベルの高いところは、子どもたちが三十人いても声がピタッと揃っています。口もきちんと開いているから声が濁りません。そして読んでいる子どもたちの目に力があります。眼力に満ち溢れています。ただ読むだけではなくて、そこまで辿りつくのが理想です。

そのためには導く人が必要です。また、高いレベルで音読をしている学校の様子を映像で確認することも大事だと思います。「声をはっきり出そう。声を揃えよう。そうしたら声の濁りがなくなるから」と私たちも説明していますが、言葉だけではイメージできないところがあります。それを映像で見せて伝えると、こういうことかと一目瞭然です。子どもたちは、自分と同年代の子たちが声を揃えてはっきりとした声で音読暗唱をやっているのを見ると、自分たちも頑張ろうと意欲的になってきます。

うまくいっていない学校では、先生方の導き方にも問題があります。毎日同じ文章を読むので子どもたちに飽きさせてはいけないと、先生方は変なプレッシャーを感じながら指導をしています。

例えば、「この行は男の子、この行は女の子」と一行ごとに読ませたりしています。いわゆる〝交代読み〟です。あるいは、自分の好きなところだけ読んでみようという〝竹の子読み〟というものもあります。

しかし、これらは子どもを伸ばす方法としては適切ではありません。なぜかというと、自分が読まない時間ができるからです。あれは私には休む練習にしか見えません。たった数分しかない音読の時間を休んでいては効率が落ちるのは当然です。ああいったものは四十五分の授業の中で音読を楽しむという意味ではいいのですが、子どもたちの頭を鍛えようとするのならば、頭が休んでいる時間をつくってはいけません。

もちろんいろんな音読があるべきだとは思いますが、朝の五分か十分という短い時間でやる音読は、それによって子どもたちの脳のパワーを最大限に引き出すことが目的です。そのときに休んでいる時間があるのでは意味がありません。同時に、笑いが取れるような面白い文章というのも必要ありません。

◉音読は体全体を使った学習法

真に陰山メソッドで音読している学校では、一年生でも『枕草子』などを読んでいます。まず最初に先生が短く切って範読していきます。最初は普通に読んで、それから慣れるにつれ、速めて音読していきます。先生は余計な指示をせず、「もっと速く」「最高に速く」と最小限の指示をするだけです。だから、短い時間でも結構な量を読むことができます。

同じ文章を少しずつ、スピードを上げながら、繰り返し読んでいきます。先生はついてこられない子がいないかどうか、机間巡視をして、目配りをしていきます。ここでの観察は指導力の要です。

単に読ませればよいと思っている教師は黒板の前から動きません。また子どもの様子を見ようともしません。これでは向上しません。極端な話、ただ疲れるだけの営みになってしまいます。

しかし子どもの中に入り、子どもの口の形や声の大きさをチェックし、個別に声をかけ注意すれば、子どもたちも周りの声に助けられ、しっかり頑張るようになります。それが指導です。これがあって、子ども全員が集中していきます。

結構な分量を五回も連続して読むと、子どもたちは「はあはあ」と息を吐くほど体力を使います。最も進んだ西川小学校などでは、一年生でも読み終わったら五十メートルを全力ダッシュしたような激しい呼吸をしていました。

こうした様子を見て思うのは、子どもは体全体を使って勉強をするということです。脳は体の働きを調整するための器官にすぎないということを強く感じます。つまり音読というのは、全力学習、全身学習なのです。

そこで重要な役割を果たすのが、先生です。子どもに意味をわからせるのではなく、子どもを集中させていくことが先生の大事な役割です。集中させるにはやり方があります。とにかく余分な声かけは不要です。子どもは自分ができているかどうかはだいたいわかっていて、たいしたこともないのにおだてるようにほめても、実は効果はありません。「この言いにくいところはよく文を見て」と的確に短く一言で言うのです。

シンプルな助言は子どもにとってはわかりやすいのです。ほめ言葉なども含めて、いろいろふくらました指示はわかりにくいだけです。子どもたち自身がどういうふうにすればいいのかを理解して、目指すゴールに向けて子どもたち自身が音読していくようなスタイルにならないと本物とは言えません。

大切なのは流れ作業だと思うことです。よい範読をして、子どもたち自身が「ああいうふうになったらいいんだ」とわかれば、わざわざ教師が言わなくても子どもはそれを目指します。あとはどこをどう修正すればいいかを、端的に指示することです。

練習は高速に淡々と進めます。

指示が少ない、またはないというのは、子ども自身がどうあるべきかを理解していてこそ成立します。流れ作業というと、創造性が何もないかのように思えるかもしれませんが、何をどうするかを教師と子どもたちが明確に共有してこそ成り立ちます。何の工夫もないように思えてもそれこそが、実は恐ろしくハイレベルな授業なのです。

本当に何も工夫をしていなければ声は揃いませんし、うまく音読ができるわけはないのです。本当に何もしないというのと、何も言わなくても子どもたちが集中して声を揃えていくのとでは、その中身は全く違うのです。

良い指導をしている学級では、先生の説明は本当に一言だけです。「はい、やりましょう」「じゃあ、ここ読みましょう」と言うだけで、子どもたちはスッと入っていきます。日常から、指示されていることが明確で、ポイントを子どもが理解しているからです。

そうなるためには、常日頃からできる限り少なく簡潔な言葉で子どもたちに重要なことを伝える。これが大事です。よく「子どもたちがやる気を出すために、どういう声かけをしたらいいでしょうか」と聞かれますが、声かけをするという段階で考え方が間違っています。いかに声かけをせずに進めるかを考えなくてはいけません。

明確な一言で指導する。それは音読に限らず、高い指導力のかなめなのです。

◉問われるのは校長先生のマネジメント力

福岡県田川市立鎮西《ちんぜい》小学校の改革は、私にとっても衝撃でした。四月段階ではあまりいい状態ではなかったのですが、音読や漢字学習を徹底すると一年で変わってしまったのです。

変革のキーパーソンは校長先生でした。低迷していた学校の改革のために、当時の教育委員会の学校教育課長が志願され、校長として鎮西小学校に入られたのです。校長先生は毎日のように校内を見て回り、そのつど、先生の指導をされました。また学級の状況を把握するため、校内の各種基礎学力を計測し、全員で改善方法を検討されました。そして、飯塚市の先進校を多くの先生に視察させ、全員の方向性をしっかりつくられたのです。

こうして全校で実践を継続している学校では一年ごとに子どもが伸びていっています。学力が蓄積されていくのです。

これがまさしく「継続は力なり」の意味です。過去見てきた学校で成果を上げているかどうかの分かれ目には、いろいろな要因があるように思われますが、つきつめると実はたった一つでした。それは校長先生のマネジメントだったのです。

突出して指導力のある先生のいる学校というのは、その先生を生かすマネジメントをしないとうまく行かないことが多くあります。先生の間でねたみが生まれたり、突出した指導で問題が起きたりすることがあるからです。

一方、優れた校長先生というのは、やはり学校を一つにまとめていくことに優れているのです。プロ野球でも、特別優れた看板選手が全体から浮いてしまい、トレードに出されることがよくありましたが、似たようなものかもしれません。

またある教師が一年で優れた指導で子どもを伸ばしても、学年が上がり担任が代わればその効果は消えてしまいがちです。

こうした校長のマネジメントの重要性を考えると、福岡県には優れた校長人事制度があります。それは自校昇任制度です。自校昇任とはある先生が同じ学校で教頭になったり、教頭がそのまま校長に昇任するという制度です。そしてまさしく西川小学校はその制度が活用されていて、今の校長先生は西川小学校で教頭先生から昇任された方です。ですから、長期にわたる全校一斉の音読学習を実践できているのです。

こうした点で、今の福岡県の人事マネジメントは効果的なものだと思います。自校昇任があるということは、基本的にはその学校が教育委員会から見て高く評価されていることですから。

しかもこの改革、全く人手も資金も時間もいりません。私は今すぐ全国で行われていい制度だと思います。

このように学校において決定的なのは校長です。しかしその校長を選任し、彼らを生かすのが教育長です。音読教育がうまくいっている地域では、教育長がしっかりと校長をサポートしています。

かつて私の事務所で陰山メソッドの研修会を行いました。自由参加で近隣の小学校の先生方も来られていたのですが、そこに教育長がお忍びで参加されていて、私の話を教室の真ん中に座って聞いておられました。教育長が参加されているとは思っていなくて、私は現在の学校教育の問題点などについて結構過激な話をしました。しかし、教育長は別に私の監視のために来たわけではなく、あとでお話を伺うと、陰山メソッドを導入したいと来ておられたのです。

福岡県の飯塚市でも、全市一斉に陰山メソッドを導入するプロジェクトがスタートするとき、当時の片峯誠教育長にご尽力いただきました。片峯教育長は現在、飯塚市長になっておられますが、プロジェクトをスタートさせるにあたって「成果を生むまでは陰山先生に来ていただく」と宣言されていました。

そこまでの決意とは思っていなかったので、教育長の横でその話を聞きながら、私は冷や汗をかいていました。えらいことだと。教育長のその言葉で、私も教育長も校長も学校現場も腹をくくるしかなくなったわけです。教育長のマネジメントとはどういうものか、目の前でお手本を見せてもらった感じでした。

その結果、飯塚市では陰山メソッドを採用した教育が現在まで八年続き、今後もずっと続く流れにあります。多くの地域の教育研究が三年程度で終わる中、本当のマネジメントとはこういうものと思います。

飯塚という市は福岡県の筑豊地区にあります。文部科学省の官僚の中ではかつて、現場の指導がいかに困難かを知りたければ、筑豊地区を見てこいと言われたそうで、区域は西川小学校のある鞍手町と似たような地域性があって、教育環境があまりよくありませんでした。子どもたちも荒れていて、一番ひどい学校では全学級が学級崩壊して、校長、教頭、教務主任の三人が病気療養になってしまったほどです。

それをなんとか立て直したいというので、片峯教育長が旗振り役となって、全市に陰山メソッドを導入することを決めたのです。

全市の子どもたちが同じ教材を使わないと意味がないので、教育長は市に直談判をし、市のお金を使って、私が作った教材を飯塚市の全小学校の全児童に与えました。

陰山メソッドを実践し始めた当初は、学力テストで全国平均を超える学校はあまりなかったのですが、二年間で全国平均を上回り、今や平均を下回る学校がないというまでになっています。それほど子どもたちは変わっていきました（十二頁のグラフ参照）。

◉教材選定と学力向上は一体のもの

「継続は力なり」を現実にしようと思うと、校長と同じくらい重要なのは教材です。なぜなら学習と教材は一体だからです。教材の選択は成績に直結する重要問題です。ところが、学校教材は地域により違いますが、多くの場合担任団が決めています。ですから、学年では統一されていますが、学年を超えて共有されることはそうありません。学年によっていろいろな教材が使われ、その使い方は微妙に違います。

この微妙に違うというのもポイントで、全く個性的というものはあまり多くはありません。学年によって指導に違いが出ては困りますから、あまり個性的なものはないのですが、子どもが伸びるかどうかより、教師の使い勝手のよさを優先させたものがあったりします。

それは結構多くの学級で使われており、私も若い頃は使っていました。しかし、あまりにも成果が出ず、子どもが伸びないので、やがて自分で作ることを決意し、漢字教材すらも、独自に作ったりするようになったのです。

その後、日本標準という会社が陰山式の学校教材を作ってくれて、当初は一定数使われていましたが、指導が独特なため、今は少数です。

飯塚市の実践が成功した最大の理由は、陰山メソッド導入にあたり、教育委員会が教材を指定し、指導と教材を一体的に現場に広げたことです。そこが従来の改革と決定的に違っていました。そしてその結果、かつてなかったほどに、子どもは劇的に伸びたのです。

◉町は活性化し、犯罪率も低下

全校一斉の音読や百ます計算を一気に導入することで、予想外のことが起きてきました。子どもたちの問題行動が急減し、教育長の言い方を借りると、「子どもたちの問題行動が減ったというものではありません。なくなったのです」と。

これまたびっくりです。この筑豊地区は、子どもの問題行動が多く、学習どころではないというのが一般的な認識でした。それが、減少するというレベルではなく、一気になくなったというのです。

確かにこのことはその後、多くの学校で確認されたことです。子どもの遅刻が減った、校内でのけがが減った、学校内のガラスが割れなくなった。いろいろなことが報告されています。

なぜでしょうか。

音読などの学習は、脳の前頭前野《ぜんとうぜんや》を活性化させると言われますが、この前頭前野は

問題行動の減少から最先端の教育へ

○　暴力行為の現状

【対教師暴力　発生件数】

年　度	平成21年度	平成22年度	平成23年度	平成24年度	平成25年度	平成26年度	平成27年度	平成28年度	平成29年度
小学校	0件	0件	0件	0件	0件	0件	2件	0件	0件
中学校	39件	32件	4件	3件	2件	4件	2件	10件	6件
合　計	39件	32件	4件	3件	2件	4件	4件	10件	6件

【生徒間暴力　発生件数】

年　度	平成21年度	平成22年度	平成23年度	平成24年度	平成25年度	平成26年度	平成27年度	平成28年度	平成29年度
小学校	0件	0件	1件	2件	1件	3件	1件	1件	2件
中学校	33件	33件	8件	16件	8件	12件	7件	8件	10件
合　計	33件	33件	9件	18件	9件	15件	8件	9件	12件

人間の情緒《じょうちょ》やコミュニケーション能力にも関係しているといわれています。つまり、音読させることは、子どもの心を育てることに直結していると言えるでしょう。

こうした変化は、学校の経営にも大きく寄与します。

片峯教育長は、子どもが落ち着いたことで、少人数学級でなく、通常の状態でも子どもを伸ばせると考え、少人数学級用に組まれた予算を小学校の英語授業に振り替えるという決断をされました。これには多額の予算を伴います。この決断にも驚きました。

そして現在、市内の五年生、六年生は全員フィリピンのセブ島の英語講師からオンラインを通じてマンツーマンの英会話レッスンを受けているのです。これは、英語指導の経験のない現場の先生方の負担軽減にもつながります。さらにこれから必修となるプログラミング学習においても、ソフトバンクと連携しペッパーくんを使ったロボットプログラミング学習が導入されました。市内すべての小学校にペッパーくんが数台配置されているのです。

よその町だったら自腹で一万円くらいかかるような教育内容が、普通の公立小学校で、無料で受けられるのですから、近隣に住む子育て世代が放っておくはずはありません。最近では多くの子育て世代が飯塚市に転居してきています。そのため、駅前には大きなマンションが立つようになり、それらがすぐに満室になるそうで、町の風景まで変わってきています。

この世代は消費活動が旺盛です。その結果、飯塚市の税収は増え、また教育投資の回収が補塡されていっているのです。

市内の保護者の間では、子どもたちの成長の様子がいつも話題になるそうです。非常に興味深いのは、子どもたちの成績が抜群に上がったことを受けて、お母さん方が「子どもが勉強しなくなった」と言っていることです。しかし、これはお母さん方の錯覚《さっかく》です。実際は勉強しないのではなくて、子どもたちの基礎学力が向上し、学習速度が高速化し、あっという間に終わってしまっているのです。

最近の飯塚市では、当初音読学習をしていた子どもたちが成人し始め、町も活性化しています。その結果でしょうか、ついには大人の犯罪までもが減り、警察署が暇になったという冗談が出るほど変わってきています。

◉飯塚市は教育先端都市、新産業都市へと変貌

福岡では、音読学習を導入した結果として子どもたちの成績が伸び、それに伴って以前は子育て世帯が住むには決して好ましい環境ではないとされていた地域に、子育て世代の人々が移り住むようになりました。そして、それらの町は今や教育最先端の地域に変貌しつつあります。

実際にどの程度伸びたのか、福岡県の六行政区の各種学力テスト結果の話が入ってくるようになりました。飯塚市、田川市、川崎町といった市や町が属する筑豊地区は、六行政区の中で最下位が不動の指定席でした。ところが去年、ついに一部の教科で五位になり、今年の一部教科のテストでは四位あるいは三位になってきました。そのために、最下位に転落した地域では指導の見直しが図られているそうです。

飯塚市ではすべての小学校が全国平均か、または超えています。かつては学力テストの平均が全国レベルに遠く及ばなかったのに、今や市内のトップ校は全国トップクラスにまで伸びてきています。

子どもの数でいうと筑豊地区一番の飯塚市、そして二番の田川市が伸び、また点数の一番厳しかった川崎町も音読や地域の学校支援により一気に改善しました。こうなってくると、六行政区の中で総合的に四位、三位になることも時間の問題でしょう。

子どもの学力が向上したことによって、町そのものも変わり始めました。

もともと飯塚というところは産業都市で、博多のベッドタウンになりうる交通の便があります。情報分野に強い九州工業大学という国立大学もあり、人口が増えたことと相まって急速にＩＣＴ（情報通信技術）の先端都市に変わりつつあります。

筑豊地区に行くとき、私は定宿にしている飯塚のホテルに泊まります。この間そこで朝ごはんを食べていて気がついたのですが、以前と比べて明らかに客層が違ってきています。かつては全くといっていいほど見られなかったネクタイを締めたビジネスパーソンふうの人たちが、かなりの数いるのです。いかにも東京から来ましたみたいな雰囲気の人がいます。ホテルの部屋から外を見ても高いビルが立っていて、飯塚の風景は七、八年前とはずいぶん違ったものになりました。

　子どもたちの学力を高めて町を落ち着いた雰囲気にするというのが、飯塚市での私たちのプロジェクトの最終目標だったのですが、あっという間にそれを達成してしまいました。今や飯塚は教育都市となり、新産業都市になっています。

　飯塚市が姉妹都市の提携をしているサニーベールはアメリカのシリコンバレーにあるそうです。やがて、飯塚市も日本のシリコンバレーのようになるのでしょうか。数年前は自分勝手な妄想でしたが、今は現実味を帯びてきています。教育や学力向上は子どもを変えるだけでなく、地域も変えていく可能性を持っているのです。

第三章

山口小学校での実践が教えてくれたこと

音読などの学習は、脳の前頭前野を活性化させると言われますが、この前頭前野は人間の情緒やコミュニケーション能力にも関係しているといわれています。つまり、音読させることは、子どもの心を育てることに直結していると言えるでしょう。

◉『名文素読暗唱法』との出合い

若い頃に見た忘れられないドラマがあります。明治の頃の北海道開拓民の話です。江戸にいた武士が北海道の開拓に家族で乗り込んでいきます。夫婦の間には一人の男の子がいました。ある日、夜になっても両親が帰って来ないので、男の子は一人で家に取り残されました。北海道だから狐《きつね》が鳴くのか狼《おおかみ》が鳴くのか、いろいろな動物の声が聞こえてきて、怖くなってきました。

男の子は恐怖を克服するために木刀を持ち出してきて、剣術の練習を始めます。ところが、剣術の練習をすればするほどかえって怖くなる。勝てなかったらどうしようと思ってしまうのです。そのとき突然閃《ひらめ》いて、剣を置いて四書五経《ししょごきょう》の本を取り出して音読を始めました。すると次第に怖さがなくなっていくのです。

この場面を見たとき、音読あるいは素読が心にもたらす効果というものを感じました。

湯川秀樹博士は自伝の中で、中間子理論の考え方は子どもの頃、おじいさんに板の間に座らされて四書五経を暗唱させられたときに頭によぎったものが基になっていると書いています。科学の最先端が四書五経の素読をきっかけによって生まれたというのは非常に象徴的で、これを読んだとき、子どもたちに音読・素読をやらせてみようと思ったことを覚えています。

それはちょうど三十年ほど前のことです。私はまだ三十一歳で、山口小学校に赴任して二年目、四年生を担任していました。

前年から、担任していた三年生の子どもたちに教科書のいろんな文章を音読させてみると、すらすら読めるし、暗唱もできました。それならもっと価値のある文章を読ませてみたいという気持ちになりました。そのときに、ドラマの話や湯川博士の話なども思い浮かんできて、いっそのこと古文の音読や暗唱はできないだろうかと思ったのです。

それにふさわしいテキストを探していた私は、たまたま書店で『名文素読暗唱法』（山内清・著／草土文化社）という本を見つけました。その中にある古典の文章を読ませたらどうだろうと考えました。この本との出合いが、音読を始める第一歩になりました。

これは全くの偶然ですが、私が山口小学校に赴任する一年前、私の師匠である岸本裕史《ひろし》先生がその地域で講演されていました。そして、百ます計算や音読の重要性を話しておられ、それを山口小学校の先生方も聞いていたのです。ですから、私が担任した三年生は百ます計算や音読をすでに体験していて、私が音読をさせたときも反応がとてもよく、あまりにスムーズなので、なんだこれ？　と驚いたほどです。

三年生の子どもたちに音読させたのは教科書の文章です。教科書の音読というのは、とても効果があります。私たちが思っている以上に、脳に対する働きかけが大きいのです。読んでいる内容はいずれテストに出ますから、子どもたちも有用感を持って読んでいきます。その結果、自然と速読の能力が身についていきます。これは黙読ではダメで、音読でなければ効果は望めません。

教科書の音読も、三年生に三年生の教科書を読ませると二、三回も繰り返せばスラスラ読めるようになりますし、内容も理解します。岸本先生から音読の重要性はいろいろ聞いていましたが、教科書の音読だけを繰り返すのでは意味がないのではないかと思うようになりました。

そのときにふと思ったのは、小学生の子どもたちが『学問のすゝめ』とか『平家物語』といった名文を諳《そら》んじているとカッコいいなということでした。だから、最初は形から入ったのです。そのうちに『名文素読暗唱法』に出合い、そこに載っていた古典の文章を読ませるようになったというわけです。ただし、このときはまだ古典の音読指導をすれば子どもたちが伸びるとまでは思っていませんでした。まさしく実験的な指導でした。

◉地域のお年寄りに大好評だった古典の素読

山口小学校に行って二年目、この年は私が教師になってちょうど十年目でした。ですから自分自身の中で教師稼業十周年記念授業みたいなものをやろうと考えていました。今までなかったことに挑戦してみようと考えて、他にもいろんな挑戦をした中のひとつとして古典の素読を始めたのです。内容はわからなくても声に出して読んでみるという素読の指導は寺子屋の時代から民間教育としてありましたし、学校なら毎日できるので、案外うまくいくのではないかと思ったのです。

山口小学校は割と教師の好きなように授業をさせてもらえる学校でした。そこで私は『名文素読暗唱法』から選んだ文章を写した〝素読帳〟と名付けた音読プリントを作り、子どもたちに持たせることにしました。

最初は朝の時間を使って音読をするという概念が私の中にありませんでした。山口小学校では、朝はジョギングをする運動の時間として取っていたので、音読暗唱は国語の授業の最初の五分か十分を当てました。

初めは確か『論語』の素読から入ったように記憶しています。今でも覚えていますが、素読帳を渡したとき、子どもたちは「何、これ？」「なんでこんな読めない漢字のあるものを読まなければいけないの？」という反応を示しました。

しかし、実際にやらせてみると、成績の低い子もよく覚えました。そして、すらすら読めるようになると、なんとなく子どもの心が落ち着いたような感じがしました。

それを加速させる意味でも、徹底的に素読を繰り返すことが大切だと思いました。そこで、子どもたちに冗談っぽく「この文章を学校の下校のときにも大声で諳んじるといいよ。そうしたらきっといいことが起こるから」と言ったのです。理由は単純で、家に帰って大きな声で読むと家の人から「うるさい！」と言われるかもしれない。でも、学校から帰る途中だったら、田舎ですし、そんなに迷惑にならないだろうと考えたのです。

ただ、「いいことが起こる」というのは根拠のないハッタリです。そう言えば、やる気が出るのではないかと思っただけです。

ところが、本当にいいことが起こりました。

クラス一の腕白《わんぱく》で勉強嫌いの男の子がいました。その子が私に言われたとおりに、町のど真ん中で大きな声を出して『徒然草』の一節を暗唱していました。そうしたら、通りにある家の中からおばあさんが出てきて、「ちょっと待って」と、その子を呼び止めました。そして、「立派な子やね。これをあげる」と言って、おやつをくれたというのです。

その子は勉強で褒《ほ》められたことはほとんどなかったのに、見ず知らずのおばあさんに褒められて、お菓子までもらったので嬉しくなってしまいました。それで翌朝、一番に私のところへ飛んできて、「先生、やっぱりええことあったぁ！」と大喜びで報告しました。それがきっかけとなって、素読が一気に学級全体に広がっていきました。

この名文素読は地域のお年寄りに大いにウケました。古典の素読は地域のお年寄りたちにとっては身近なものだったからでしょう。中には「孫の勉強はわしが面倒を見る」という人も出てきました。田舎の農村で三世代同居の家族が多かったので、おじいさん、おばあさんが孫と一緒に素読をするなど協力してくださいました。おかげで私の評判も上がり、継続の後押しとなったのです。

◉学級全体が音読の授業に夢中になった

実は、この古典の音読暗唱を始めるにあたっては伏線がありました。「ちいちゃんのかげおくり」という三年生の国語の教材があります。これは三年生の一年間で最も重要な教材と位置づけられるもので、私は時間をかけてしっかり指導しようと思い、その一環として徹底的に音読をさせようと考えました。

その学級に漢字が苦手で、書けないし読めないという男の子がいました。当然、国語の教科書も何度も練習しないとまともには読めません。この子をなんとかしようと、私は音読カードを使って音読の宿題をどんどん出しました。そして毎回、国語の授業の最初に、宿題をちゃんと読んでいるかどうか、全員にテストをしました。全員と言うと大変と思われるでしょう。実はできる子は最初の一文節ぐらいを読ませて終わりにして、苦手な子は多少多く読ませたのです。

苦手な子は練習しないと読めません。そこで「練習していないじゃないか」と注意し毎日練習させるように仕向けました。結果として、その子は誰よりも回数を多く読んだのです。

一週間か十日ぐらい経って「ちいちゃんのかげおくり」の授業が佳境《かきょう》に入った頃です。休み時間にその子がふらっと私のところにやってきて、こう言いました。

「あまり先生がしつこく音読しろ、音読しろと言うから、僕、もうこれ、全部覚えちゃった」

それを聞いた周りの子どもたちが「お前にできるわけないだろう。絶対無理。だって何ページあると思っているんだ」と言いました。するとその子は「いや、できる。全部覚えた」と言い返したのです。実は私も無理だと思いました。だってそれは詩のような短い文ではなく、長い物語ですから、その子でなくても、無理だと思ったのです。そこで「じゃあ、やってみろ」ということになりました。

するとその子は、本当にすらすらと空《そら》で暗唱し始めたのです。ところどころ詰まりかけましたが、ちょっと教えたらまた続きを諳んじていきました。最初、全く信じていなかった周りの子どもたちも私もびっくりしました。みんな本気になって聞いていました。そして文章の半分を超えたあたりから、周りの子どもたちの視線が疑いから期待に変わるのがわかりました。「本当に全部暗唱したらすごいし、やりとげてほしい！」という雰囲気になってきて、急に応援し始めたのです。

結局、その子は多少詰まったものの最後まで見事に暗唱しました。その瞬間、どよめきが起こりました。みんなが周りに寄ってきて、「こんな長い物語を最初から最後まで読んだ」と、興奮して口々に言い合いました。

そんな様子を見ていたクラス一の優等生が「先生、次の授業は何？」と聞くので、「次は算数だ」と答えると、「算数はやめて国語の授業にしてほしい」と言い出しました。「国語の授業は今、終わっただろう」と言うと、「いや、僕も暗唱したい」と言うのです。すると他の子どもたちも声を揃えて「国語、国語、国語！」と言い始めたのです。とても算数という状況ではなくなりました。それで、私が「よし、わかった。暗唱をやろう」と言うと、「やったあ、みんな暗唱やで、暗唱」とお互い言いつつ、一斉に練習を始めたのです。

私は、目の前で起きていることが信じられませんでした。あんな長い文章を暗唱させろと子どもが言い、しかも自主的に練習を始めているのです。絶対にあり得ないことでした。

そして一人一人全文の暗唱を聞いていくことになりました。ここでも驚きました。みんな次々に合格していくのです。その優等生はプライドをかけてきっちり一番に合格していきました。そしてどんどん競って、みんな暗唱のテストを求めてきます。

こうなるとみんな聞いてあげないといけません。しかし長い文章を全員が読み切るには四十五分の授業時間では足りません。結局その日は半分の子を残して終わり、翌日また国語をやって暗唱させたところ、みんな暗唱してしまいました。おそらく家に帰ってからしっかり読んでいたのでしょう。全員が物語を暗唱してしまうことも、子どもがそのテストを要求してくることも、想像を超えたことでした。

でもなぜ国語が一番苦手だった子が一番に暗唱してしまったのでしょう。その理由は回数が多かったからだと思います。苦手だからこそ何度も読んだことが、この奇跡を生んだのです。私は、本当にすらすら読めるまで読ませますから、その子は本当に何度も何度も読んだのだと思います。

この三年生のときの授業の体験があって、「あれだけ長い文章が暗唱できるのなら、古典は難しいといっても短い文章なら暗唱できるだろう」という理屈で、四年生のときに素読帳を作って古文漢文の暗唱を始めたわけです。

そうしたら今度は、また国語を苦手としている子どもが目立ちました。するとこのときも同じ優等生の子がもっとやりたいと言って、学級全体が素読に夢中になりました。

この学級での指導は、想定外の連続でした。とにかく何をさせても高能力で、楽しかったです。そして次々と私の中で指導の常識が崩れていきました。全員が文章を暗唱できるようになったり、勉強の苦手な子が最初に暗唱できたり、クラス一の腕白が地域の人に褒められたりと、いろんな面白いことがありました。

◉音読暗唱は国語だけでなく全教科に好影響を及ぼす

四年生のときに始めた古典の素読は、別にテストをしたりはしませんでした。素材は『名文素読暗唱法』の中にあったものです。『徒然草』『源氏物語』『平家物語』など高校の古典で勉強するものは一通りやりました。それから『学問のすゝめ』や『論語』。橋本左内《さない》の『啓発録』や中村正直《まさなお》の『西国立志編』も読みました。

続けるうちに、子どもたちは難しい言葉に対する抵抗が一切なくなりました。ですから教科書の文章がとても簡単に見えてくるわけです。ただ、この効果が本当に出るのは高校に入ってからでした。彼らは小学校のときに出合った古典の文章に高校で再び出合い、そのときに「わあ、懐かしい」と言いました。でも、素読をしたことのない他の中学から来た子は「わあ、難しい」と言いました。この差は大きいでしょう。

結局この子たちを私は三、四、五、六年と四年連続して担任しました。そして六年生になると、うまく指導できたから学力向上したというような次元ではないものを彼らから感じていました。とにかく極限まで賢くなったというようなものを感じていました。教えていない問題でも解いてしまうのです。そしてそういう難しい問題を好むのです。

この四年連続担任をした子どもたちが卒業するとき、これは脳の中で何かが起きているのではないかと思いました。そこで、彼らが卒業するときに過去のデータを全部チェックしてみました。すると意外なことがわかりました。知能指数が劇的に上がっていたのです。それを見て、音読が脳の働きを変えていたんだと思ったのです。脳の働きは音読など読み書き計算で変えられる。これが私の実践が大きく変わっていくきっかけになりました。

◉大切なのは意味ではなくリズム

音読や暗唱をさせるとき、大事になってくるのが、名文を教材にして音読させることなのです。最初に『名文素読暗唱法』を開いたとき、何から音読させようかと思い、試しにいくつか子どもたちに読ませてみました。子どもたちに一番食いつきのよいものが一番読みやすいし覚えやすいと思ったからです。

その結果、子どもたちが一番食いついたのは『論語』でした。あの「子曰く」というのが面白いらしいのです。それまでも、よく「うちの幼稚園では音読をやっています。『論語』が読めます」という話を聞いていました。最初にそれを聞いたときは英才教育のような受けねらいでやっているのではないかと疑問に思ったのですが、そうではありませんでした。子どもが一番好きなのが『論語』だったのです。

文章の意味はわからなくても、『論語』は漢文なのでリズムがよく、これが子どもを引きつけるのです。子どもたちはリズムを敏感に感じ取ります。音読と漢文はとても相性がいいのです。特に幼稚園児から一年生ぐらいまでは、そういうリズムのいいものを与えていけばいいのです。意味は考えなくてかまいません。リズムが重要なのです。

皆で「子曰く」「子曰く」と声を出して読んでいくと、元気が出てきます。声もだんだん大きくなって、揃ってきます。リズムのいいものは合わせやすいのです。逆にダラダラとした文章は合わせにくいものです。「子曰く」「子曰く」とリズムよく繰り返して読むうちに、子どもたちはすっかり覚えてしまいます。『論語』で音読にはまった子たちは、どんどん読んで、どんどん覚えていきます。それに伴って成績も上がっていきます。計算と音読を両方ともやっていくと、脳の働きは大きく変わってくるということを感じています。

◉子どもには素晴らしい能力が眠っている

この古文漢文の音読指導を始めたのが三十一歳のときでした。三年生の担任になって「ちいちゃんのかげおくり」(あまんきみこ・著)をみんなで暗唱したのが三十歳で、山口小学校に赴任した最初の年(一九八九年・平成元年)でした。

山口小学校に行った初年度に「ちいちゃんのかげおくり」の音読をやってみて、大人が勝手に難しいことはできないと思い込んでいるだけで、子どもというのは本当はすごい能力を持っているんだということに気づいたのです。

そこで私は、素読帳と相前後して体育に力を入れ始めました。実は私が指導として最も重視していたのは体育でした。まだ若かったので、勉強より子どもと一緒に体を動かして遊ぶほうが楽しかったのです。それに私は中学生のときに器械体操をやっていましたから、マットや鉄棒の指導が好きだったのです。

その頃何気なくテレビを見ていたら、中国で体操の英才教育をしている幼稚園が出てきました。幼稚園児がバク転を六回ぐらい連続してやっていました。それを見て、幼稚園児が六回バク転できるのなら、小学校四年生だって一回ぐらいは楽にできるだろうと思い、バク転の指導をしたのです。

ここでも不思議なことが起こりました。体育が苦手な子が最初にバク転を成功させたのです。その子はひょろひょろで筋肉がついていない代わりに、体がとても柔らかいのです。男の子には珍しいのですが、体を後ろに反らしてブリッジをしたまま足を上げて後転することができました。それに勢いをつけてやるとバク転になるわけです。

私は器械体操をやっていたからバク転の指導はできると思っていましたが、教えても本当にできるようになるかどうかまではわかりませんでした。そこで意欲づけのために、「バク転ができたら体育は5をあげる」と言ったのです。そうしたら、体育でいつも2しかもらっていなかった男の子が頑張ってしまい、いきなりバク転に成功したのですから大慌てです。本当に5をあげなければならなくなりました。

ちょっと焦りましたが、よく考えると確かにそれはすごいことです。内心はバク転ができるのはもともと体育で5をもらっている子だけだろうと思っていて、まさか体育が一番苦手な子ができるなんて思いもしませんでした。それは周りの子どもたちも同じで、みんなびっくりしていました。

そうすると、ここでも負けず嫌いの優等生が出てきました。彼は勉強だけではなくて、運動でもエースなのです。その子は、運動音痴の男の子が自分より先にバク転をやってしまってショックだったのです。だから頑張って、彼もバク転を成功させました。ちなみにこの子は今、医者をやっています。

今もそうですが、いつも子どもというのは私の予想を超えて伸びていきます。「無限に伸びる」と私は常々言っていますが、それはハッタリではなくて実感なのです。結局バク転でも、二十三人の児童のうち、女子も含めて五人も六人もできるようになりました。

面白いことに、暗唱でも体育でも一番できそうにない子が真っ先にやりました。それを目《ま》の当たりにして、「どうせできっこない」というのは私たちの勝手な思い込みであるということを痛切に感じました。〝ビリギャル〟の坪田信貴《のぶたか》先生もおっしゃっていますが、伸びない子どもがいるのではなく、伸ばせない教師がいるのです。まだ自分は子どもの可能性を引き出せていないと今も思えるのです。

実際に、いい学校へ行くと先生方の授業がとてもいいのです。子どもたちが変わるのがわかると、先生たちも面白くなるのでしょう。伸びないと思っていた子どもが自分の指導で伸びていくわけですから教師冥利に尽きるというものでしょう。

◉リーダーのマネジメント力が教育を変える

私は山口小学校に十四年間いました。平《ひら》教諭でしたし、まさか十四年もいられるとは思っていませんでした。普通、教職員というのは五年から七年で異動するからです。ところが山口小学校には、十年を超えている先生が私以外に何人もいました。

山口小学校を出たあと、私は土堂小学校から立命館小学校に行き、大阪府の教育委員会の仕事もしました。そして、飯塚の片峯教育長の動きを見ていたときに、はたと気がついたのです。「山口小学校の成功を本当につくったのは私ではない。読み書き計算が根付いて子どもたちが成長するのを支えた本当のMVPは朝来町《あさごちょう》の教育委員会だったのだ」と。

なぜならば、何人もの先生を十年以上同一の学校に置いている学校など、全国でもなかなかないからです。県の異動指針にも反していました。それなのに、あえて町教委はそういう環境をつくったのです。私は学校の中にいて目の前の子どものことしか考えていませんから、そのことに長く気がつきませんでした。

校長先生も「地域が評価してくれているから好きにやれ」と、私たちのやり方を認めてくれました。自分たちが立派だったわけではなく、その裏で支えてくれる方たちがいたからできたことなのです。私はそういう人たちの庇護のもと、楽しく仕事をさせていただいていたのです。そこに気づかなかったことは、今、私が反省する点でもあります。

飯塚市での実践が成功したのも、最大のMVPは当時の教育委員会の片峯教育長です。片峯教育長のマネジメントによって飯塚の学校は変わったのです。そしてその片峯教育長に絶えず助言されているのが、香春町《かわらまち》の荒木博史元教育長です。こうした人たちのマネジメントにより、教師の力は引き出され、地域を変えるほどの力が生み出されてきたのです。

今、日本の学校教育に一番欠けているのは、こうしたリーダーのマネジメント力です。本気で教育を変えようと思うのならば、見識のある教師が校長や教育長となり、リーダーとしてしっかりとマネジメントをしなければなりません。しかし、残念ながら、日本では校長の地位の評価は低いのです。文部科学省を頂点とする組織の中間管理職みたいな言われ方をされています。

なぜそうなってしまっているのか。私はあるときテレビの学園ドラマを見ながら、不思議なことに気がつきました。それはテレビの学園ドラマの人物設定がいつも同じことです。校長はいい人だけどそれだけの人、教頭は校長にゴマをする腹黒い人、そして主人公はちょっとひねくれた青年教師、そこにマドンナ役の女性と体育会系の慌て者がいます。なぜ同じなんだろう。真剣に考えたとき、はっとしました。夏目漱石が悪いんだ。

そう、この設定は、夏目漱石の小説『坊っちゃん』に倣《なら》ったものだったのです。この小説の影響は今も大きく、知らない間に、教育において校長の存在感を下げていたのではないかと思います。

還暦を迎え、一つ残念なのは、若い頃一緒に教育の勉強をした仲間たちのほとんどが校長になっていないこと。国や県の方針に正面から対抗していれば難しいのかもしれませんが、そうでない教師もほとんど校長になっていませんでした。彼らの実践が、彼らだけのもので終わって後継者がいないのです。それは本当に残念なことです。

いい教師が、校長や教育長になる。そんな当たり前のことが普通になってこそ、学校は再生できるように思います。教師への志願者が減るばかりの日本において、これは急務だと私は思います。

第四章

基礎基本の徹底で必ず子どもは伸びていく

授業はゆっくり丁寧にやるといい
というのが常識ですが、基礎力の高まった子には
むしろ高速化させるほうが効果的なのです。
ゆっくり学習していると退屈してしまい、集中が削がれて
学力は伸び悩みます。一般の授業の二時間分を
一時間でやってしまうほうが集中力が削がれず、
学力も高まるのです。

◉「見える化」で明らかになった指導と現実のギャップ

山口小学校で指導をしているとき、私は高学年の担任になることが多かったのですが、漢字が書けない子、計算ができない子たちもいました。それを五年、六年の二年間でできるようにして送り出すのは大変です。

五年生の担任をしていたある年、学年ごとの漢字がどの程度できているかを一年生の漢字、二年生の漢字、三年生の漢字、四年生の漢字に分けてチェックしました。そうしたら、三年生の漢字だけ書けないことがわかりました。三年生までは書けるけれど四年生の漢字が書けないというのであれば、レベルが上がるわけですからありうることです。ところがこのときに明らかになったのは、三年生の漢字が書けなくて四年生の漢字が書けるということでした。

要するに、三年生のときの担任の先生がしっかり漢字指導をしていなかったわけです。そういうことかと思って、これは全校で読み書き計算を実践しなければいけないと思いました。

その前段階で、もうひとつ事件が起こっていました。国語の指導が堪能な先生がおられ、一年生を担任されていました。そして、子どもが二年生に上がった翌年は別の先生が担任することになりました。この先生も国語の得意な先生でした。ただし、違いがありました。一方は子どもたちに読むことを一所懸命させる先生で、一方は書くことを一所懸命させる先生でした。ともに非常に優れた能力を持っているのですが、正反対のところが得意だったのです。これが悲劇のもとでした。

一年生から二年生に上がったときに、二年生の先生の元へ保護者がやってきて「前の担任の先生のようにやってもらえませんか」と言いました。ありそうな話です。すると、その先生は自分のやり方が否定されたように感じ、意固地になって自分の考え方を貫こうとしました。

そしてその先生が急死されたのです。指導法に悩み無理をされていたようですが、それが直接の原因かどうかはわかりません。血圧も結構高かったと聞きましたが、四月に二年生の担任になり、五月末にくも膜下《まくか》出血で亡くなられました。

葬儀には子どもたちも参列しました。もちろん我々も行きました。

そのときの子どもたちの泣き騒ぎ方が尋常ではありませんでした。「わんわん」とか「しくしく」とかではなくて、「ぎゃー」というような泣き声でした。その泣き声は今でも耳に残っています。

このとき、どんなに良い実践をしても死んではいけない、子どもを泣かせてはいけないと思ったのです。同時に、どうしてこんなことになってしまったのだろうと考えました。そして、一人一人の先生が立派であったとしても、全体としてひとつの方向を向いていないといけないという思いに至りました。

それから山口小学校で先生方と話し合って、基本的なこと、例えば体力づくり、きちんと読める、きちんと書ける、ある程度の計算ができるようにするといった最低限のことは、全体の共通の目標としてやるというようにし、それを地道に積み上げていったのです。

そういう流れの中で漢字チェックをしてみたときに、本来指導してもらっているはずの指導をしてもらわずに上がってきている子どもがいることがわかったわけです。そこから、それぞれの学級の漢字の定着率をテストして、そのデータを基にしっかり指導をするということを始めました。

しかし、みんなで何かひとつのことをやろうと思ったときに、みんなで話し合って、これをやりましょう、あれをやりましょうと言い出したらきりがありませんし、なかなかまとまりません。山口小学校もそれぞれ自分の哲学を持った先生方の集団でしたから、「俺は算数指導が得意だ」「俺は理科ならやるよ」と言い出したら話がまとまりません。

そこでまず、みんながもめない実践というものがあるだろうかと考えました。そのときに、「子どもの生活習慣を調べてみよう」と思いつきました。これなら教師の指導は関係ありませんから。そこで手始めに子どもの生活アンケートを取ってみました。すると、全く予想していなかった結果が出てきたのです。

それは、就寝時刻が遅く、朝食も十分ではなく、農村地帯であるにもかかわらず、パンと牛乳という朝食が多数派である、という結果です。学習レベルの「見える化」と同じく、生活アンケートという形で日常生活の「見える化」をしてみたら、私が思っていたのとは全く違う生活習慣が一般化していたことが見えてきたのです。

そこで私は「保護者の協力を得ることを学校としてやっていこう」と考えました。教職員をまとめるためにも「早寝、早起き、朝ごはん」というスローガンを掲げて、その実践を進めたのです。

山口小学校での実践の土台に、今日ではしきりに強調される「見える化」があったわけです。

この実践は、その後大きく発展します。学力低下問題の混乱の中、その一つの模索として、広島県教育委員会が県内の学力テストを実施するのにあわせて生活アンケートを取ったのです。その結果、私たちの指摘通り、生活習慣と学力には強い相関関係が認められました。

当時、広島県教育委員会には文部科学省の人が教育長として派遣されており、その関係から全国学力テストでも生活アンケートが取られるということにつながりました。また「早寝、早起き、朝ごはん」は、国民運動として展開され、これをきっかけにして、実際に子どもたちの生活習慣は大きく改善されることにつながったのです。

山口小学校では、こうした生活アンケートの実施とともに、音読を宿題にすることも全学級で行うこととしました。やり方は各学年によって違いましたが、音読カードできちんと音読させ、またその音読カードに生活チェックの欄も作り、それが定着していきました。

このシステムは学力向上に大きな効果を生みました。中学や高校に行っても、その学習効果は残り、どこに行っても山口小学校出身の子どもたちの学力は高いと評価さ

朝ごはんと学力の強い相関

朝食の摂取とペーパーテストの得点の関係

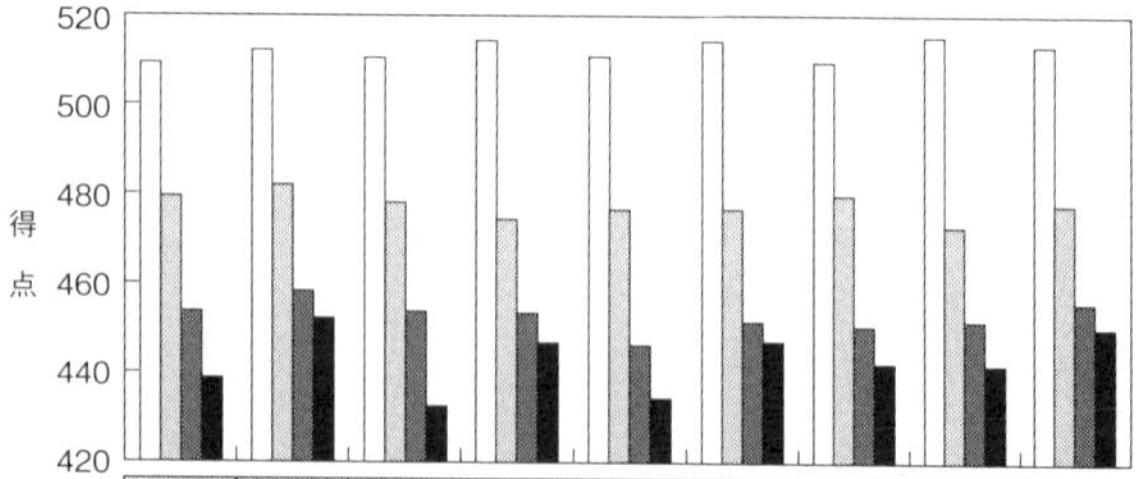

	小5 国語	中2 国語	小5 社会	中2 社会	小5 算数	中2 数学	小5 理科	中2 理科	中2 英語
必ずとる	508.8	511.4	509.9	513.7	510.1	513.5	509.2	514.8	512.8
たいていとる	479.1	481.5	477.7	474.1	475.9	476.4	479.2	472.4	476.8
とらないことが多い	453.5	458.0	450.8	452.7	445.9	450.6	449.9	450.7	455.2
全く、又は、ほとんどとらない	438.5	451.7	432.5	446.2	433.8	446.9	441.6	441.3	449.7

児童生徒数：小学生　約21万1,000人（小学5・6年生各約10万人）
中学生　約24万人（各学年約8万人）

（資料）国立教育政策研究所「平成15年度小・中学校教育課程実施状況調査」

れるようになっていたのです。これは地域の高い評価につながりました。

そしてその評価を継続させるために、山口小学校の教職員の異動が少なく、特に実践の中核となる人たちは十年ぐらい異動がなかったため、重要なことを決めるのに時間はかかりませんでした。「今度のあれどうします」と言ったら「去年通りでいいよね。」「じゃあ」といった調子で、いろいろなことが非常にスムーズに進みました。そのため会議は回数も少なく、時間も予定通り終わるので、教師は学級の子どもの指導に専念できたのです。教師が遅くまで残らないといけないということもありませんでした。

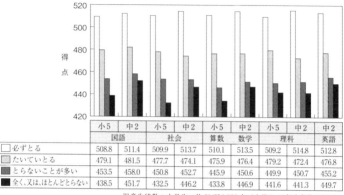

◉テレビで報じられて大反響を呼んだ山口小学校の実践

私の活動に世間の注目が集まるようになったのは、西暦二〇〇〇（平成十二）年三月のことでした。この三月に朝日新聞で私の取り組みが紹介されたからです。

その年の一月に教職員組合の研修会が山口県の湯田《ゆだ》温泉で開かれました。私はそこで山口小学校の実践を紹介しました。当時、世間では総合的学習とか個性尊重が注目を浴びていた頃です。それはそれとして私は賛成だったのですが、何より総合的学習が生きてくるには基礎力が重要と思っていました。しかしそのために、一斉に古典を音読させる、ストップウォッチで計算速度を計るという山口小学校の取り組みは、時代の風潮に真っ向から対立しているように映ったのでしょう。研修会ではまるで極悪非道のように言われ、非難囂々《ごうごう》でした。

その様子を見ていた朝日新聞の記者の方が、山口小学校を取材され、記事になったのがその年の三月だったのです。そして、その記事を見た『テーミス』という雑誌の記者の方が取材に来られ、そのテーミスの記事を見たNHK記者の方も取材に来られ、それが十月に『クローズアップ現代』で放映されて、一気に火がついていったのです。

ＮＨＫで全国放送されたのですから、放送が終わったとたんにすべてがひっくり返るくらいの反響があるのだろうと期待して私は番組を見ていました。ところが、予想に反して、放送が終わったあと親戚から電話が一本かかってきただけで、他は何もありませんでした。同僚の先生からも「見たぞ」という電話がかかってくるわけでもありませんでした。「なんだ、こんなものか」と拍子抜けしてしまいました。

ところが翌朝学校へ行ったら、とんでもないことになっていました。電話が鳴りやまないのです。受話器を置いた途端にかかってくるような状態で、教頭先生が「陰山先生、仕事にならんよ」と言ってきました。本当に鳴りやまないのですから。

そこからいきなりジェットコースターに乗ってしまったように、私の人生は変わっていきました。それが四十二歳のときです。

◉土堂小学校の校長に応募した経緯

私はその後、山口小学校を退職して、広島県尾道《おのみち》市にある土堂小学校の校長公募に応募をして校長になりました。私にとっては新しいチャレンジだったのですが、ここに至る事情は複雑でした。

私の実践がＮＨＫの番組で紹介されたのは教師になって十九年目のときです。そのあたりから、ゆとり教育礼賛がゆとり教育批判に変わり、ゆとり教育批判が学力低下問題に格上げされていきました。それを解決するカギが山口小学校の実践にあると言われて、私は全国からお呼びがかかるようになってきました。同時に、山口小学校へ取材が次々と入るようになり、視察依頼も殺到しました。

学校にしてみると、本来の業務とは関係のない視察受け入れという業務が生じてきたため、その仕事が教頭先生に集中していきました。教頭の仕事はそれでなくても大変なので、手が回らなくなりました。それで結局、取材や視察はすべてお断りすることになり、私も山口小学校の実践を紹介することは控えるよう言われました。教育委員会も山口小学校を特別視しないということになり、急に先生方の転勤が相次ぎました。結果として、実践の継続が難しい状態に陥ったのです。

一方、世の中ではゆとり教育批判がますます燃え盛っていきました。私もいつしかそこに巻き込まれていき、そこにどのような決着をつけるかが、私にとっての大きな問題でした。とはいえ、私が近くの小学校に転勤しても状況が変わるとは思えません。山口小学校での勤務も十四年となり、さすがにこのままというのも難しい。退職してしまえば、それまでなんのために頑張ったのかわかりません。

そんな悩みを抱えている頃、岡山の学校に呼ばれて講演をしたことがあります。講演が終わって駅に送ってもらうときに、私を呼んだ校長先生が「陰山先生、これからどうされるのですか?」と聞いてきました。このあとの予定を聞かれたものと思って「家に帰りますけど」と答えると、「いやいやそういう問題じゃなくて、これからあと教師としてどのように生きていくおつもりなのですか」と言うのです。私は変なことを聞く方だなあと思い「普通に学級担任を続けるだけですが、それが何か?」と言ったのです。すると校長先生は表情を変えて「そんなこと、できるはずないでしょう。あなたはもう学級担任はできないですよ」と言われたのです。

びっくりしました。また正直ムッとしました。「私自身のことなのに、なぜそんなことをあなたに言われないといけないのか」と思ったのです。あまりに唐突で、当時「この人は何を言っているのだろう」と思いました。

しかし、わかっていないのは私のほうでした。それから半年後に私は尾道を目指すことになるのです。あとで振り返ると、あれは未来を暗示する象徴的な出来事だったと思います。

そうして私自身が追い詰められているときに、私の運命を変える土堂小学校のプロジェクトの話が舞い込んできたのです。まさに運命的でした。

土堂小学校プロジェクトは、広島県尾道市教育委員会が主体となり、広島県教育委員会、そして文部科学省が連携し、新しい学校教育の姿を構想する、実験的なプロジェクトでした。校長を公募する中で新しい教育プランを提起してもらい、それに共鳴する教師を集め、さらに学区を自由化することで、尾道市内の子どもなら誰でも通うことができるようにするという空前のプロジェクトでした。

あまりにも壮大で、しかも見知らぬ土地での勤務です。高いハードルでした。しかし現実を直視し、実践を継続したければ、故郷を離れ、土堂小学校にかけるしかなかったのです。

◉土堂小学校の校長としてモジュール授業に挑戦

山口小学校をあとにした私は二〇〇三（平成十五）年四月に土堂小学校の校長となりました。そして新たな形で読み書き計算の実践を始めました。自分自身の問題意識は、学級担任の時代から変わっていません。学校全体で読み書き計算を徹底して反復することでどれだけ子どもの未来を広げることができるかということです。

もちろん山口小学校でも学校全体の実践を目指しました。しかし一般教師の立場では、個々の先生の指導はできません。各学級での指導は個々の教師に委ねるしかないからです。その点、校長になると新しいことを全校一斉にやれるというメリットがありました。例えば、読み書き計算の時間を授業時間として設定し、教育課程に位置付けることができたのでした。

今でこそ十分十五分で行う朝の帯《おび》学習をする学校は全国でも多くなっていますが、私が土堂小学校で始めた頃にはまだまだ考えられないことでした。「どうしてもやりたいのならやってもいいけれど、授業時間にはカウントしない」と言われていたからです。授業時間にカウントできないものをわざわざやって、授業を忙しくすることもない、と普通は考えます。だから広がらなかったのです。

それを文部科学省などに働きかけた結果、今では授業時間にもカウントされ、文部科学省自体が小学校英語の指導に切り札として推奨するようになってきています。

山口小学校のときには、国語の授業の最初の五分で音読暗唱、算数の最初十分間で百ます計算をやっていました。それによって残りの授業時間が三十分とか三十五分になってしまうため、難しかったのは事実です。それを土堂小学校では、文科省の研究開発校に指定された強みを生かして、まず火水木の一時間目に音読十五分、計算十五分、その他十五分と、四十五分を三分割してモジュール授業を行いました。

そして、音読十五分間を三日やったら一時間にカウントして、これを国語の時間とする。百ます計算を十五分三日やったらこれを算数の時間とするというようにしました。十五分ずつの実践をまとめて国語の時間、算数の時間にカウントすることを文部科学省に認めてもらったわけです。

これは画期的でした。ただし、年間の授業時間の中で週に一時間を基礎学習に当てるわけですから、それ以外の授業時間が少なくなります。これは一般的にはマイナスと思われます。しかし実は逆なのです。というのは、授業はゆっくり丁寧にやるといいというのが常識ですが、基礎力の高まった子にはむしろ高速化させるほうが効果的なのです。ゆっくり学習していると退屈してしまい、集中が削がれて学力は伸び悩みます。一般の授業の二時間分を一時間でやってしまうほうが集中力が削がれず、学力も高まるのです。

近年は、この学習法を教えてほしいという要望が私に届くようになりました。

こうして常識の反対を進むわけですから、もし失敗していたら大変だったでしょう。正直に言えば、うまくいく確信はありませんでした。ただ、自分がそれまでやってきたことを信じるしかなかったのです。

◉地域の願いを学校運営に取り込む

土堂小学校プロジェクトには、当時の流れから、学力低下批判とか学力低下問題の克服という、ある種の期待感が勝手にくっついてしまっていました。しかも尾道市の場合、学校運営に悩んだ民間出身の校長が自殺するという事件が起こり、その事後処理に追われた教育次長までもが自殺するという大変な事態になっていました。そうした時期に土堂小学校の校長に就任した私は、絶対に失敗はできない、成功する以外にはないというところに追い詰められていました。

私はここで開き直って、「成功以外許されないのなら成功を前提としてすべてを回していこう」と強気一辺倒の学校経営をしていきました。幸いだったのは、文科省が土堂小学校をコミュニティースクールに認定し、地域の願いを学校運営の中に取り込んでいくという形になったことです。これによって「お前のやり方はおかしいんじゃないか」「それはやりすぎでしょう」といった意見が周囲から寄せられても、「いや、地域はそれを願っています」と言えば、なんとか自分のやり方を押し通すことができるようになっていたのです。

事実、土堂小学校は校長の選抜をして私を呼びましたし、教職員も自主申告で希望して赴任してくる人たちがいました。それから学校選択制を採用して、子どもたちも同じ市内の人間なら誰が来てもいいことになりました。途方もないことですが、学力低下問題の嵐が背景にあってこその展開だったのです。

結局、土堂小学校では三年間、校長を務めました。校長の職務だけでなく、途中から中教審（中央教育審議会）の委員の仕事が加わり、また全国からお呼びがかかって講演活動も行い、これ以上は体力的に無理だというところまでやりました。

とにかく初めからマスコミの注目が大変なものでした。民間人校長自殺事件がなければこうまではなかったと思いますが、地域のいろんな思いとか国全体の動向、それから自分自身の実践にかける思いが混ざり合った三年間でした。わずかな期間でしたが、できることはすべてやりました。

その様子は市民の方たちも見てくださっていたようです。今でも尾道へ行くと、見知らぬ市民の方から「お帰りなさい」と声をかけてもらえます。これはとても嬉しいことです。

◉卒業生たちの進路が証明する基礎基本の大切さ

幸い土堂小学校は今でも高いレベルを維持しています。実践は継続され、徹底反復学習の灯台の役割をしてくれています。校長が何人も代わりながらも実践が変わらないということは、尾道市教委、広島県教委に加えて、地域のみなさんの熱い願いがあればこそと思っています。

土堂小学校は建物自体が戦前の恐慌時に建てられたもので、耐震の用をなしていません。新校舎というのも戦後間もなく建ったものです。そういう建物ですから、大きな地震が来たら倒壊する危険性が高い。そのため、絶えず廃校対象の一番手に名前が挙がってきます。そういう状況で今も学校が存続していること自体が奇跡的です。

そして私が校長のときにやった実践も基本的にまだ残っています。校長として出会った先生たちとも、今でも交流があります。有り難いことに、土堂小学校で一緒に頑張っていた先生方の多くは昇任し、今は管理職になって頑張ってくれています。

土堂小学校の実践は、基本的には山口小学校のやり方をシステマティックにして、学校全体に発展させたものです。それによって驚くべき成果が出たのです。当初は新しく実践を始める学校であり、市内の各所から集まった子どもたちの集団も全く未知数でしたから、どういう結果が出るか予想がつきませんでした。ちょうど全国学力テストが始まった頃でしたが、土堂小学校は全国で比べてもトップレベルになり、それを今も維持しているのです。

土堂小学校プロジェクトでは、学校選択制を導入しました。その結果、小学校一年生の定員五十人の内訳は、地元の子が数人、残り四十数人は学区外から集まってきた子どもたちでした。

その第一期生が最近成人式を迎え、進学先がわかりました。個人情報保護の観点から追跡調査をすることはできないのですが、教え子たちが同窓会のような形で集まって進路の話をしたらしく、その結果をメールで知らせてくれたのです。すべてが判明したわけではありませんが、東大に一名、国公立の医学部に四名、それ以外に九州大学、大阪大学、神戸大学、広島大学、琉球大学など、五十名中十四名が国公立大学に進学していることがわかりました。

この結果を見て、小学校時代の基礎習得は将来にわたって子どもたちの進路を広げ続けるということが言えるのではないかと思いました。

山口小学校で最初に担任した子どもたちの中にも、国公立の医学部に行って、そのまま大学に残って研究をしている人間が二人います。それから違う学年で、名古屋大学の准教授になってロケットの研究をしている子もいますし、地元に残って頑張っている子、民間企業の最前線で頑張っている子、医学部で教授になった子や臨床《りんしょう》をやっている子もいます。

単に有名大学に進学したというのではなくて、みんな生き生きと暮らしています。中には指導に悩ませてくれた子もいましたが、そんな子も二十代で独立して居酒屋を開店し、「先生、飲みにおいで、グラスが割れるほど乾杯しよ！」と言ってくれています。

当たり前ですけれど、小学校教師は教え子の何人が将来有名大学に入るだろうかなどとは考えません。考えるのは、ただ将来立派に、そして幸せになってほしいということだけです。だから、結果として多くの子が有名大学に合格したというだけのことなのですが、それを目的としてやったかのように勝手に誤解して批判する方々もいらっしゃいます。しかし、その批判は的外れです。私が言いたいのは、大人でも解けないような難しい問題を解かないと名のある大学に入れないというのではなく、基礎を盤石にすることが、こうした難問を解く土台であると同時に、難関大学突破への道筋になるということなのです。

◉アクティブラーニングの導入と「読む、書く」能力の低下

不思議なことに、今も当時と似たような状況になってきたと私は感じています。二〇二〇年の教育改革といって、学校現場ではアクティブラーニングという、口語に重きを置いた学習方法が大切だとしきりに言われています。その結果、またしても基礎基本の学習が留め置かれているように思えるのです。

アクティブラーニングは、先生が子どもたちに教える一方的な学習法ではなく、子どもの主体的な学びを育成しようという考え方をします。その実践として、いろいろな人たちとの学び合いを大切にしています。それは当然のことです。ただ、なぜか日本の教育の議論は、それまでやってきたことを否定し、新しいことを始めようとしてしまいます。

学習活動には基本的に「読む、書く、聞く、話す」の四つがあります。このときに学び合いという学習作業をしようとすると、どの学習活動が最も際立ってくるかというと、当然、話し合い活動になります。つまり、「話す」ことです。

では、明日テストがあって学力を高めなければいけないといったときに「読む、書く、聞く、話す」のどの学習活動を中心にしますかと先生方に尋ねると、まず間違いなく、「書く」と答えます。書かないと覚えられないからです。学力向上のキモは「書く」ことなのです。また、そのため文章の力をつけるために「読む」ことも重要です。

このような学習活動のズレが今の学校で起きているのではないかというのが私の見立てです。子どもたちの読解力を元通りにしていくためには、「読む」という活動、それから「書く」という活動、つまり文語に対する習得をきちんとやっていくことが必要なのです。

またこの力をつける上で、速読もすごく大事だと思います。速読というと一冊の本を十五分か二十分で読むというようなものもありますが、私が言う速読は普通によどみなくすらすらと読んでいくことです。要は学習には練習が必要ということです。

本が速く読めるようになるのには二つの要素があります。ひとつは本の内容について知識があること。私であれば、教育書などは専門用語を知っているわけだから他の分野の人には難しい文章でもスラスラと読めます。

そしてもうひとつは読み続けること。知らない文章でも毎日読んでいると十日後には速く読めるようになります。つまり、ある一定の基礎的知識が備わってくることが速読の土台になっているのです。

今、子どもの読解力が落ちているのは、学習における読む力が弱くなっているからです。今の教科書は分厚くなっています。昔に比べると約一・五倍の分量があります。本来なら、それに伴い読む力を育成する指導があってしかるべきなのですが、実際にやっていることは「話す」ことです。

さらに、「話す」「聞く」に重きを置くといいながら、二〇〇七（平成十九）年からは全国学力テストが始まりました。これはペーパーテストですから「書く」テストです。しかもその形式は他のテストと全く違っています。要するに、ちぐはぐになっているのです。ですから何も対策をしないでいると、子どもたちが戸惑ってしまいます。それを学力低下と言われたら、子どもにも気の毒です。

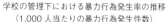

荒れる小学生

学校の管理下における暴力行為発生率の推移
（1,000人当たりの暴力行為発生件数）

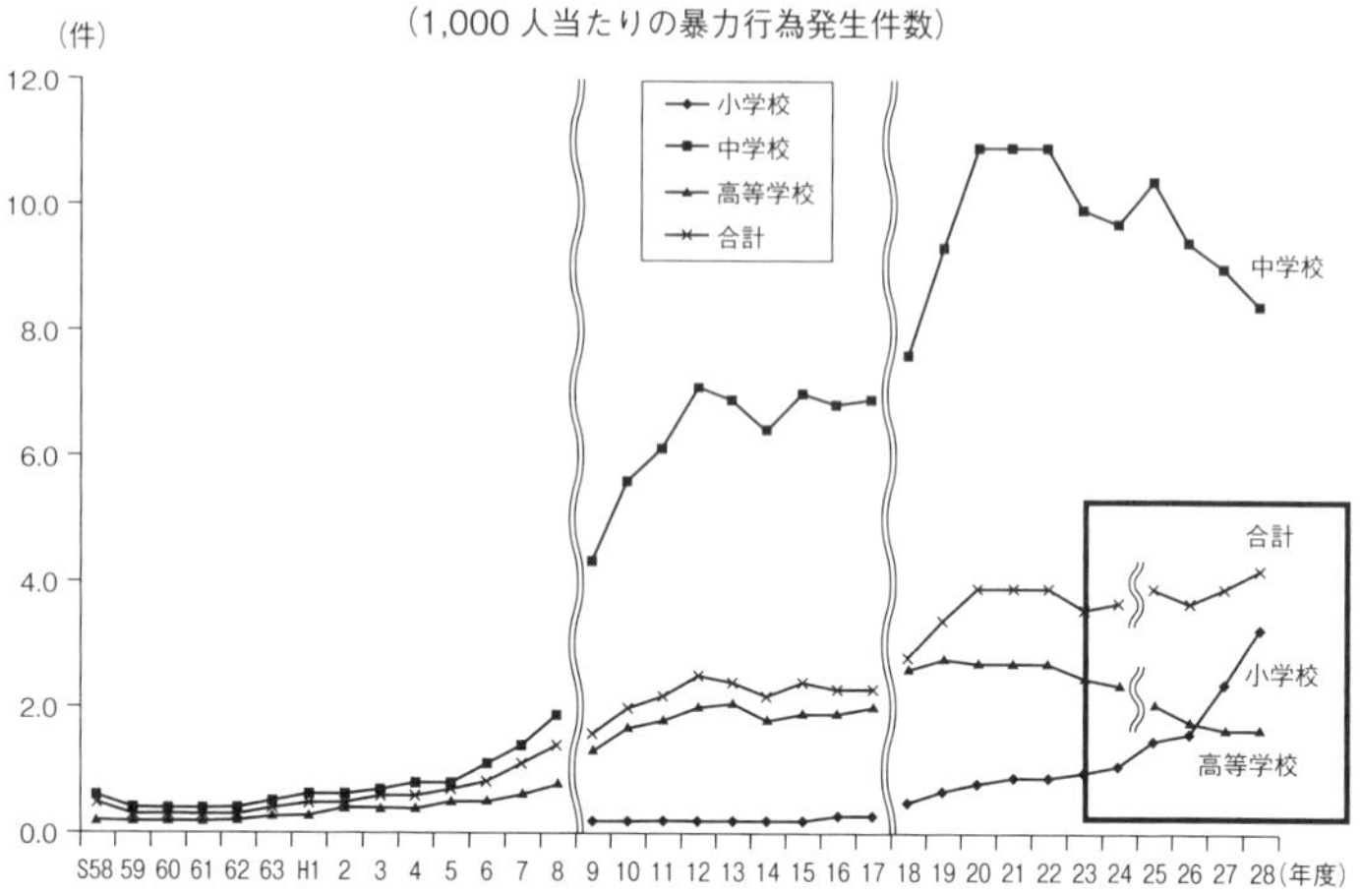

◉基礎基本の軽視が不登校や校内暴力を生んでいる

こうした教育の反動はすでに表れています。最近よく話しているのですが、二〇一二（平成二十四）年頃から小学校での不登校が増え、校内暴力の発生件数が急増しているのです。そして小学校の校内暴力の発生率は高校の二倍になっています。

一方、飯塚のプロジェクトが始まったのも二〇一二年です。つまり、飯塚が良くなるプロセスと、日本全体の小学生が荒れ始めるプロセスは同時進行で起きているわけです。この流れは日本全体がゆとり教育でなんとなく浮ついていくのに対して、山口小学校が基礎基本を徹底して子どもたちの

また増加を始めた不登校

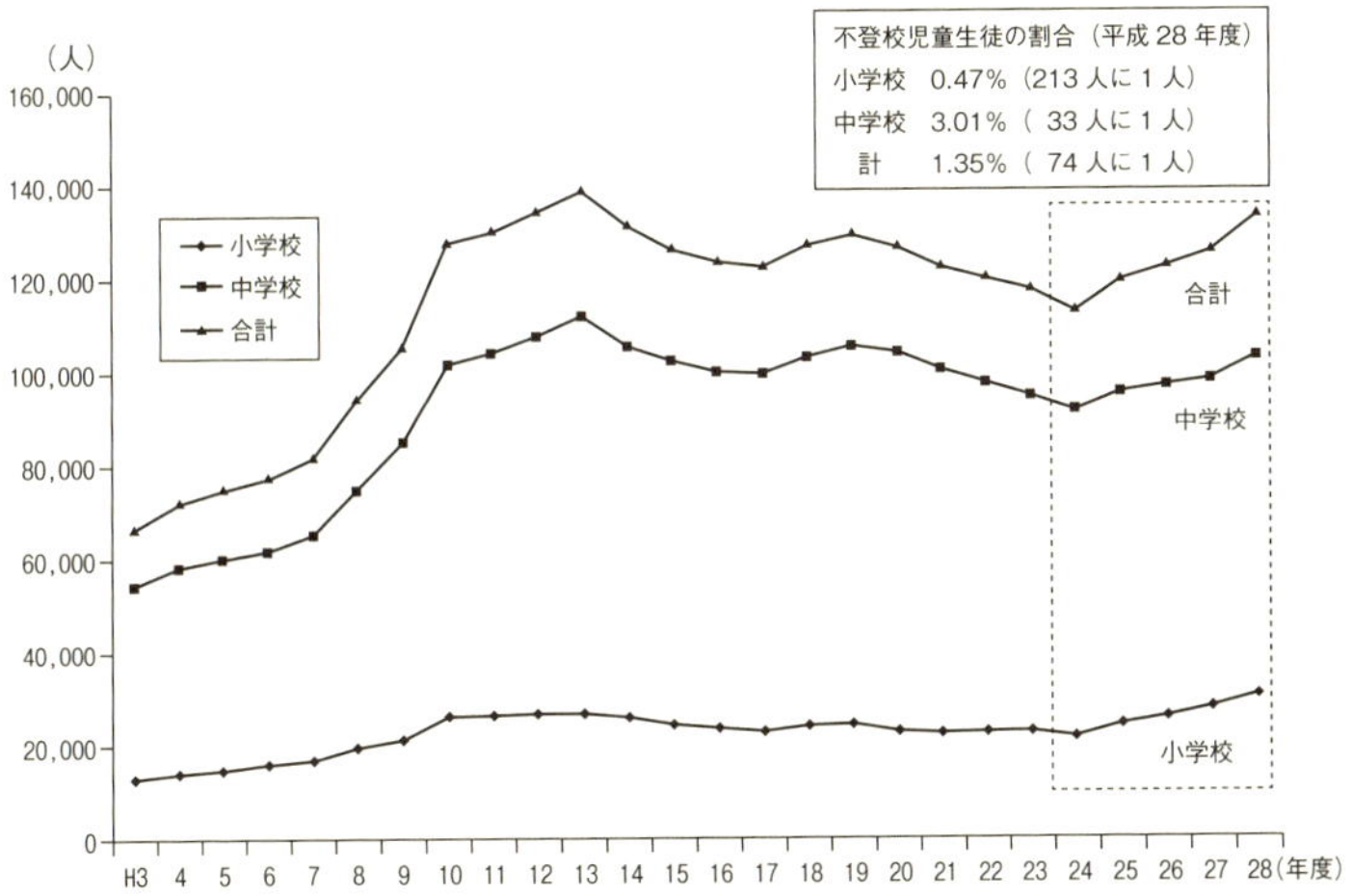

進路保証をしたのを思い出させます。私からするとビデオテープで同じような風景をもう一度見ている感じがしています。

ただ、状況は似ているのですが、前回とひとつ大きく違うことがあります。それは読み書き計算の効果が明確になっており、教材も洗練されてきていて、指導法も確立していることです。また、それについて文科省も一定の理解と支援をしてくれています。

山口小学校で始めた「早寝、早起き、朝ごはん」の実践はすでに文科省に委ねられて国民運動になっています。それに関係するデータも上がってきています。これもよく理由がわからないのですが、二〇一三（平成二十五）年頃からデータが悪化し始め

平成25年度から悪化する朝食習慣

朝食を毎日食べる児童生徒の割合

◎朝食を毎日食べる児童生徒の割合が、小学6年生で84.8%、中学3年生で79.7%。

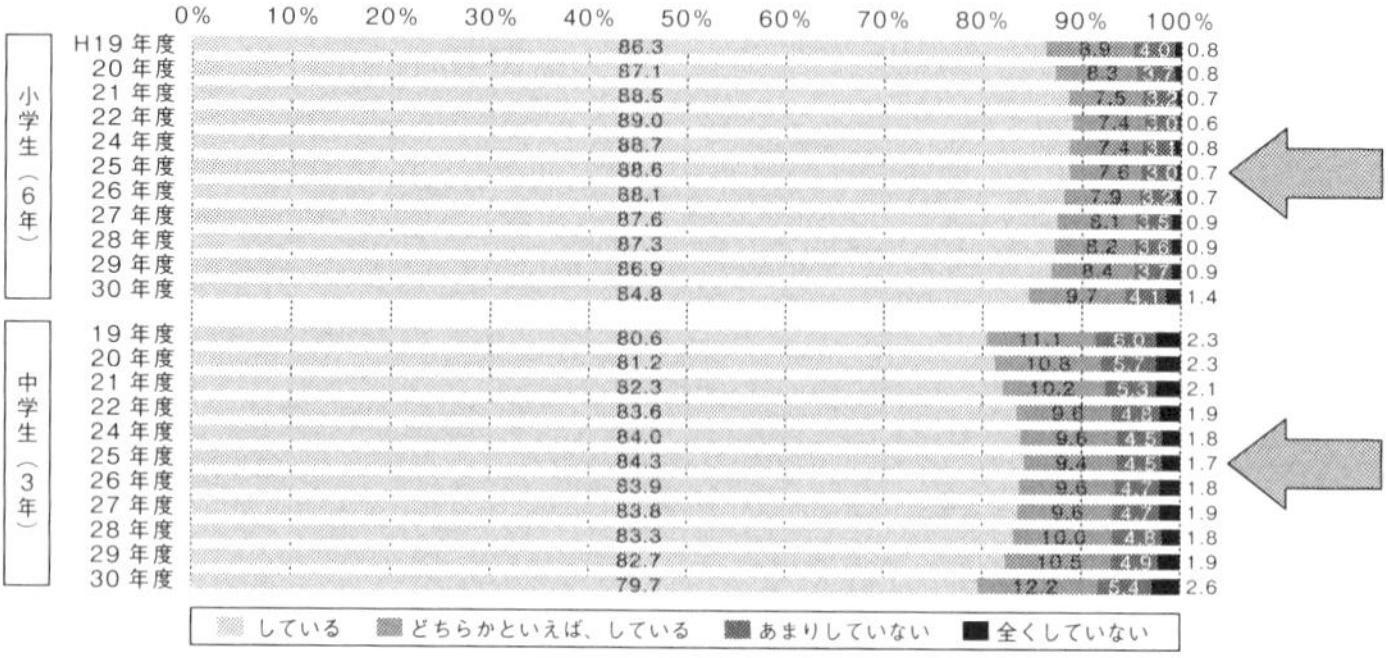

※その他・無回答の省略及び、小数点第二位以下四捨五入のため、各区分の比率の合計が必ずしも100%にならない。

文部科学省「全国学力・学習状況調査」

※平成15年度	している	どちらかといえば している	あまり していない	全く していない
小学校6年生	77.7%	15.3%	4.4%	2.0%
中学校3年生	72.3%	17.0%	5.9%	4.3%

国立教育政策研究所「小・中学校教育課程実施状況調査」

ています。

子どもが荒れるとかいじめが増えているというデータは文科省の調査したデータですから、文科省も非常に心配しています。

どうすればこうした問題を解消できるのか。その答えはすでに出ているのです。「話す」「聞く」の前に「読む」「書く」ことを徹底すること。それが子どもたちの心の安定につながるというのは、すでに実証されていることなのです。

第五章

読み書き計算が高機能な脳をつくる

言葉を学ぶことは時間を越えて
先人の心に共感していくことです。
それにより、先人への敬愛の心が育まれ、
そこからつながる自分への自信が生まれ、
人間性が高まっていくのです。

◉人生のレベルを決める小学一年生の学習

音読をさせると子どもたちは目に見えて変わってきます。顔つきが明らかに違ってくるのです。学校訪問をしていると、以前はあまり勉強のできなさそうな顔をしていた子が、久しぶりに会ったらすごく賢い顔になっていて、びっくりすることがよくあります。「あの子、似てるけど、あのときの子だよね？」と周りに確認するほどです。本当に顔つきやたたずまいまで変わってくるのです。

音読指導を長い間続けていてひとつわかってきたのは、一年生から音読を始めることが効果的だということです。スコーラで教えていてわかるのは、古文の音読でも幼稚園の年長さんとか小学一年生だとスッと入ります。小一に古文の音読なんて無理だろうと一般的には思うかもしれませんが、そうではないのです。この年頃は単純暗記するので、子どもは声に出したものをそのまま頭に入れてしまいます。良いものも悪いものも、あるいは難しいものでも関係なく、なんでも頭に入っていきます。ですから、何を与えるかがとても大切になります。

そう考えると、この年頃に何を学習するかが人生のレベルを決めると言っていいでしょう。そして、やり方さえ間違えなければ、早期教育は価値があります。

子どもがどういう方面に進むかはいろいろ変わります。音楽が好きになるかもしれないし、運動が好きになるかもしれません。人間はいくらでも可能性を秘めていますから、いくらでも変わっていくことはできます。ただ、どういったレベルの人生を歩んでいけるのかということは、おおよそ幼稚園の年長組から二年生ぐらいの時期に決まるような気がします。だから、この時期からスタートすることが大切なのです。

実際に、小学校入学時の成績順位と卒業時の成績順位は全く別物です。しかし小学校三年生終了時の順位は卒業時にかなり近いものになります。

小学校一年生で繰り上がり・繰り下がりがさっとできたら、九九は簡単に覚えられます。それから二年生の段階で足し算・掛け算がちゃんとできたら、引き算も小数も分数も簡単にできます。すると、算数はどんどん伸びていきます。同様に、一年生で古文漢文を読んで漢字に触れていたら、三、四年生で出てくる漢字はそんなに難しいとは感じません。ところが、一年生や二年生のときに平仮名しか読み書きできないとか、計算もできるけれど時間がかかってしまうのを放置していれば一気に伸び悩みます。

低学年のうちは子どもの成長の差が大きく、この段階での指導はなかなか難しい面があります。また最近の学校は全国学力テストを重視するあまり、指導力のある教師を高学年に集める傾向があります。

私が危惧するのは、応用力活用力が重要という理由から単純な計算練習や漢字の習得に使われる時間が減っていることです。「こんな単純な学習は家庭で練習させてください」と学校から言われたというような話が伝わってきます。これでは中学年、高学年になってつまずきが深刻になってしまいます。

まして今の高学年の学習は量的に多いだけでなく難しくもなっています。平成二十五年以降、不登校や校内暴力が増えているのはここに原因があると私はみています。

こうして低学年の基礎力育成が不十分なまま高学年の学習が高度化すれば、学習に対するコンプレックスをずっと蓄積させていくことになってしまいます。

実はここがもう一つ厄介なところなのです。学習能力自体は三年生や五年生からでも伸ばすことはできます。しかし、学年が上がってから学力を伸ばそうと思うと、勉強嫌いとか勉強が苦手という意識を消すことが絶対条件になります。苦手意識が強いと学習に集中できないのです。

ところが、このコンプレックスの克服は意外に難しく、どうしても「する・しない」以前に「好き・嫌い」のほうに引きずられます。中学年になると自我が芽生えて、「良い・悪い」とは別に「好き・嫌い」という感情が強く入ってくるからです。特に四年生以降は、それが非常に強くなり、割り算の筆算など、習得が難しい教材が出てくる中で、低学力が固定化しやすくなってしまうのです。

また、それは言葉の学習でも同じで、漢字が並んだ文章を見ただけで、苦手意識がじゃまをして、単純に文章を読むことすら面倒に思い、早く逃れたくて、無意識のうちに自分勝手な解釈をしてしまう悪い癖が身についてしまうのです。

二年生ぐらいまでは、そこにあるものはなんでも吸収しようとします。ですから、そういう時期に音読でも漢字でも計算でも、どんどんやらせてしまったほうがいいのです。小さいから無理をさせないようにしようというのではなく、子どもの能力に合わせて、単純な記憶が得意なうちにどんどん読ませてしまうことが有効だと考えています。

実際、スコーラに入塾する子たちも、年長から一年生くらいの年齢で来た子は、当初は遅れているように思える子でも、一年から二年程度継続したあたりから急激に伸びていきます。私は従来からこれを〝突き抜け〟と呼んでいますが、この〝突き抜け〟を経験した子の成長は急激なもので、学年の枠を超えて学習を進めていきます。低学年であっても高学年の学習をそう苦にすることなく進めることができるのです。

スコーラの基本的な指導は、週に一回五十分という短時間のものです。その中で、音読、計算、漢字に加え、読解練習や文章題の学習などいろいろやって、それらをこなす力を身につけていきます。集中力の習得がこうした信じられない習得を可能にしているのです。

◉音読暗唱を重視しているのは日本だけではない

一九八八（昭和六十三）年に出た『ドイツに学ぶ自立的人間のしつけ』（あすなろ書房）という本があります。私が強く影響を受けた本で、著者はドイツ文学者の小塩《おしお》節《たかし》さんです。その本の中にこんなことが書いてあります。

「私が訪ねたいくつかのドイツの幼稚園で、そしてまた私の長男がかよった幼稚園では、多くのグリム童話を原典に忠実に語って聞かせていた。いい加減ではない、ドイッ的に徹底的に正確に、だ。うちの子でさえ、よく聞いて、少なくとも四十篇ほど完全な形で覚えてきて、私たちに語って聞かせた。これには正直言って驚嘆した。どの子も多少の差はあれそうなのだ」

「正しい母国語教育は家庭の、とくに母親の責任である。乳幼児が二歳になるまでは単純なことばを、正確に何千回もくり返し聞かせなくてはいけない。しかも愛をもって。三歳以上になると、おとぎ話を聞かせる。本を読んでやってもいい。これは実は、乳幼児語とは決定的にちがう抽象的世界の言語なのである。（中略）幼児期の抽象語は母親の語りによってのみ得られるのである。この時期、三〜五歳でこれができていないと、想像力の全くない人間になってしまう」

これらの文章を読んだとき、やはり音読暗唱が学習指導の根幹だと思いました。音読暗唱の効果を認めているのは日本に限ったことではないのです。

岸本先生から「ぜひともこれは読んでおきなさい」と言われたのが、貝原益軒《かいばらえきけん》の『和俗童子訓《わぞくどうじくん》』です。この中にも、小学校に入る前後の時期に集中的に読み書き算盤《そろばん》を教えなさいということが書いてあります。

この本はとても興味深くて、現代にも通用する内容がたくさん含まれています。たとえば「愛に溺れてはならぬ」とか「教育は早期から始めよ」とか「小さい頃に馬鹿なかけごとみたいな遊びをさせたら、ろくなものにはならん」といったことが書かれています。

衝撃的なのは、「我が子は母親に育てさせるな。乳母を選べ」とあることです。「乳母を選べ」というのは、今の言葉に置き換えれば「専門家に委ねなさい」ということでしょう。そして良い乳母の条件は「謹みて言葉少なきを良しとす」。あまり教えすぎず、的確なポイントで短い言葉で指示を出すということです。これは音読が成功している学校の先生方の指導法とも一致しています。

幕末、黒船に乗って日本にやってきたアメリカのペリー提督が日本をどう見ていたかということを書いた『ペルリ提督日本遠征記』という本があります。ここに書かれている話を私は社会科の授業などでもよく使いました。例えば、日本ではとても女性が尊ばれていて、子どもたちの指導も非常に理にかなっていると書かれています。

当時は女性が虐《しいた》げられていたように言われます。しかしそれは全くの嘘で、逆に尊ばれていました。おそらく日本の歴史において女性が虐げられるのは、明治以降の話ではないでしょうか。

戦国時代にルイス・フロイスというイエズス会の宣教師が織田信長に招かれています。このフロイスの書き残した文章にも、

「ヨーロッパでは夫が前、妻が後になって歩く。日本では夫が後ろ、妻が前を歩く」

「ヨーロッパでは財産は夫婦の間で共有である。日本では各人が自分の分を所有している。時には妻が夫に高利で貸付ける」

「日本では娘たちは両親にことわりもしないで一日でも幾日でも、ひとりで好きな所へ出かける」

「日本の女性は夫に知らせず、好きな所に行く自由をもっている」

（以上、『ヨーロッパ文化と日本文化』ルイス・フロイス著・岡田章雄訳注／岩波文庫）


といった衝撃的なことが書いてあります。

こうしたいろいろな文献を読むと、日本の子育て文化が英知に満ちたものであったことがよくわかってきます。その中核にあったのが、お伽噺《とぎばなし》の読み聞かせや古典の音読・素読だったのです。

この音読・素読の文化は日本だけではなくて、ドイツにも中国にもユダヤにもありました。

特にユダヤ人は最も強烈で、子どもにユダヤ教典を丸々完全暗記させるのです。ユダヤ人はイスラエルを建国するまでは祖国がなかったにもかかわらず、民族のアイデンティティーを失いませんでした。それはこの教育文化のおかげだと、ある本には書かれていました。

ユダヤのさまざまな生きる知恵は資本主義の中に生かされていて、今も世界経済は裏でユダヤに支配されているように言われたりします。どこまで本当かわかりませんが、タルムードというユダヤの経典《きょうてん》にある教えにつながる知恵がビジネスに生かされているのは確かなようです。

国は違えども、子どもをどのように育てるかということは等しく重要な課題です。人生の設計図のようなものは十歳ぐらいまでにできあがります。だから十歳までに何を読み、何を暗記し、将来をどう思い描くのかはとても大事なことなのです。

◉読み書き計算の徹底が脳の働きを高める

貝原益軒の『和俗童子訓』には、読み書きについて「読むよりも書くことをさせる」と書いてあります。つまり、運筆練習を重視しているのです。

漢字の学習についてわかってきたのは、鉛筆の持ち方と運筆の重要性です。日本語はもともと縦書きの文化です。それなのに今は横書きが多くなっています。横書きでひとつひとつの字を楷書で書こうとするから、子どもたちが鉛筆を持つときにすごく力を入れてしまいます。最近の子は筆圧が強いのですが、これは横書き文化に慣れているからではないかと思います。縦書きで流れるように書いていく指遣いとは全く異質です。

日本はもともと筆の文化で、どちらかというと崩し字で流れるように書きました。指先の力を抜かないと、ああいう流れるような筆遣いはできません。これをどう指導するのがいいのかを今、私も研究しているところです。

ひとつ見えてきたのは、字習いというか、ペン習字のように手本を横に置いてそのまま書いていくやり方が、漢字を覚えるには一番だということです。なぜかというと、そのこと自体が脳の働きを促していくプロセスだからです。人類は脳を上手に動かすために勉強というものを発明したのではないかと私は思っています。

そして脳を上手に動かすために最も有効に機能するのが、数字を使った計算であり、漢字を中心とした語彙を持つ表意文字の習得であり、漢文古文の音読暗唱なのです。それらは江戸時代の寺子屋でも行われていました。

それが子どもの頭を鍛えるために最善の方法であるということを日本の先人たちはわかっていたということでしょう。

◉職人が蒸気船を造った〝奇跡〟の根底にあった寺子屋教育

子どもの頭を鍛えるという点で、私は最近、子どもたちを指導するときに、こんな授業をしています。ペリーが浦賀にやってきたのは一八五三（嘉永六）年です。日本人は蒸気船を見て驚きましたが、ペリー艦隊に乗っていた船員たちは日本人をどう見ていたか。意外な感じがするかもしれませんが、日本の船に非常に驚いているのです。

ペリーの本にも書いてありますが、欧米の船は動力を使って水をかき分けて前進します。一方、日本の小舟はすごい勢いで水の上を滑っていくように進みます。それを見てペリーや船員たちは「あれはなんだ」と衝撃を受けています。そして、ペリーは百年を待たずして日本はアメリカの最大のライバルになるだろうと、大統領へ報告しているのです。

そういう話を紹介したあとで、子どもたちにこんな問題を出します。

「日本人って蒸気船に驚いたんだよね。日本人にしてみたら、蒸気船を造りたいと思うのは当然だよね」

「そう思う」

「じゃあここで問題です。メイドインジャパンの蒸気船って何年に造られたと思う？」

日本の歴史を勉強するのなら、ペリーがやってきた年だけではなく、日本人が蒸気船をいつ造ったのかを知ることが大事です。それこそが今日の日本の繁栄を知る手がかりだからです。こういう質問をして子どもたちに考えさせるのです。

皆さんはおわかりでしょうか？　日本初の蒸気船は、ペリーが来航した二年後の一八五五（嘉永七／安政元）年に薩摩藩が造っています。ただし、薩摩藩が造った蒸気船はオランダから招いた技師と一緒に造ったものですから、完全な意味でのメイドインジャパンではありません。完全なメイドインジャパンの蒸気船ができたのは、それから三年後の一八五八（安政四）年だといわれています。

では、これを造ったのは何藩だったでしょうか？　意外に思われるかもしれません。答えは四国の宇和島藩です。

当時の宇和島藩のお殿さまは伊達宗城《むねなり》という人で、東北の伊達一族につながっています。その伊達のお殿様は開明的で、薩長土肥とも気脈を通じる人でした。このお殿様が「宇和島湾に蒸気船を浮かべて走らせたい」と、とんでもないことを言い出したのです。そして、「藩内を探して黒船を造れる人間を見つけてこい」と家来に命じます。無茶ぶりもいいところです。

そのときに目をつけられた男がいます。それは嘉蔵《かぞう》という苗字のない町の職人でした。授業でこの話をするときには、「この嘉蔵は本来何を作っている人でしょうか」というクイズを出します。絶対に当たりません。なぜかというと、船と全く関係ない職人だからです。

嘉蔵はちょうちん貼りの職人なのです。ただ、それだけでは食べていけないので、手先の器用さを生かして、たまに仏壇の修繕《しゅうぜん》をしたり、鎧《よろい》かぶとの修繕をしたりして生計を立てていました。もちろん蒸気船のことなど何も知らないのですが、とにかく手先が器用だという理由だけで、白羽《しらは》の矢が立ったわけです。

嘉蔵は内気で小心者で、殿様の面前《めんぜん》へ連れていかれるときには恐れをなして自宅の押し入れに隠れたそうです。それを無理やり引きずり出されて連れていかれて、殿様から「蒸気船を造れ」と命じられました。殿様を前にして「造れません」とは言えません。ですから仕方なく「造ります」と言ったのです。

嘉蔵は蒸気船というものがどんなものなのかといろいろな話を聞いて、想像しながら模型を作り、それを一か月後に持っていきました。この模型の現物がもし残っていたら国宝級だと思いますが、おそらく蒸気船とは似ても似つかぬものだったのではないかと私は想像しています。なぜならば、嘉蔵本人は蒸気船を見たことがなかったし、また設計図があるわけでもなかったからです。

しかし、その模型を見た殿様はいたく感激して、嘉蔵に褒美をとらせ、名字帯刀を許して帰します（のちに嘉蔵は前原巧山《こうざん》と名乗ります）。ただし、それだけで終わりませんでした。すっかりその気になった伊達の殿様は、ただちに「お金はいくらでも出すから、この蒸気船を造れ」と命じ、嘉蔵を長崎に派遣しました。

ちょうどそのとき、長州藩の大村益次郎が宇和島にいました。大村益次郎は伊達の殿様と仲が良くて、たまたま宇和島に滞在していたのです。これが幸いしました。益次郎は嘉蔵の作った蒸気船の模型を見て、その才能に目を瞠《みは》りました。嘉蔵とも面会をして、蒸気船について話し合っています。

殿様は大村益次郎に「嘉蔵を手伝ってやってくれ」と頼み、益次郎を長崎へ送りました。益次郎の手引きもあり、長崎の出島で蒸気船の実物を見た嘉蔵は「蒸気船とはこういうものか」と理解をします。そして、宇和島に戻り、一年半かけて日本人の手による初めての蒸気船を完成させるのです。その後、嘉蔵は技術開発者として一本立ちをして、明治になると中央で働くようになりました。

彼は蒸気船の作り方を習ったわけではありません。見よう見まねでやっています。それでどうして蒸気船を造ることができたのか。そんな嘉蔵の能力は一体何によって形成されていたのでしょうか。答えはひとつ、それは寺子屋で培われていたのです。

幕末に、まともな設計図もない中、町の職人が蒸気船を造って実際に走らせたというのは驚くべきことです。司馬遼太郎はこれを『花神《かしん》』という小説の中で、あの時代に宇和島で蒸気船を造ったというのは、「こんにちの宇和島市が、市の独力で人工衛星をあげるにも似ていた」と書いています。要するに奇跡に近いようなことだったというわけです。

そんな奇跡を起こした能力の根底に、寺子屋での読み書き算盤によって養われた基礎学力がありました。これによって頭の働きが養われ、不可能が可能になったのです。

嘉蔵は寺子屋にしか行っていません。藩校に行って科学を教わったわけでも、蘭学を学んだわけでもない。ここが大事なところです。つまり、教育において一番重要なのは、やはり読み書き計算で、そこから鍛えられた脳の働きだと思うのです。基礎学力を徹底的に鍛えれば、応用力はそこから生まれてくると私は考えます。応用力をつけるために応用力の指導をする。これは私にはホームランを打つためにホームランを打つ練習をするというように聞こえます。果たしてそれは適切なのかと疑問に思っているのです。

◉応用力を生み出す原動力は好奇心

では真に応用力や活用力を育てるためにはどんな学習が必要でしょうか。それは知的好奇心だと私は思っています。そして担任時代の私の指導の真骨頂こそ、この知的好奇心を伸ばすことでした。

ＮＨＫの『クローズアップ現代』に取材されたとき、記者の方には困ったことがあったのです。それは子どもたちが小学生だったとき、百ます計算をしたとか、漢字練習をしたとか、あまり覚えていなかったのです。代わりに何を覚えていたかというと、水素の爆発実験だとか、音の伝わり実験とか、古墳探検とか、とにかく変な授業ばっかりやっている変わった先生という印象だったのです。

そして記者の方から言われてようやく、「ああ百ます計算、やった、やった。漢字もしつこかったです。でもそれがどうしたんですか？　あれは全国どこでもやっているものではないのですか」と言ったのです。それを聞いて記者の方も驚いていました。

確かに子どもにとって漢字や計算の練習は当たり前のことで、漢字の読み書きが完璧にできるとか、計算がすごく速いというのは普通のことだったのです。

『クローズアップ現代』の放映後、山口小学校の卒業生が、大学で友達何人かと計算競争をしたそうです。そうしたら自分が圧倒的に速いし、古文の暗唱なども誰もできないことがわかりました。そのとき初めて、山口小学校に通っていた意味がわかったと言っていました。

基礎力はあくまで子どもたちの可能性を広げるものです。それを本格的な学力につなげるには、知りたいとかできるようになりたいとか、強い好奇心や向上心が必要です。しかしそれはどの方向に表れてくるかわかりません。だからこそ、いろいろな体験をさせることが大切になってくるのです。

そしてこの体験というのは、時間も手間もかかります。だからこそ私は、基礎力を高め、教科書の学習は高度に高速に終えてしまい、知的好奇心を満たす楽しい学習を進めていたのです。

佐賀の唐津《からつ》には明治になってからつくられた耐恒寮《たいこうりょう》という藩校がありました。明治になって藩校というのは変です。なぜ明治になってから藩校がつくられたのか。幕末期に隣の肥前藩が朝廷側についたのに、唐津藩は幕府につきました。そのため、明治の初め唐津藩は遅れを感じ、それを克服すべく耐恒寮という藩校をつくったのです。

しかし、すぐに廃藩置県が断行されます。そして当然耐恒寮も廃止されます。わずか一年半の学校でした。ところが、その一年半の指導の中から日本の近代建築の父と呼ばれ、東京駅を設計した辰野金吾《たつのきんご》という建築家をはじめ、多くの建築家が生まれました。そして丸の内や日銀本店など東京の近代建築物が生まれました。

ではなぜわずか一年半の耐恒寮からこのような人材が生まれたのでしょうか。実は意外な人物が耐恒寮の教師として指導していたのです。それは後の総理大臣で、現在の開成中学・高校の初代校長もしていた高橋是清《これきよ》です。

彼は若くして渡米していますが、騙されて奴隷契約にサインさせられ、凄まじい苦労をしています。何とかそこを逃れて帰国したとき、耐恒寮の教師の話がきて、唐津に来ているのです。耐恒寮で彼は英語を教えるのですが、教科書もＣＤも何もない時代です。体当たりの指導の中で、彼は唐津に来ていた外国人を招き、直接寮生たちに会話させます。寮生たちは会話が通じたことに感激しました。そして、耐恒寮がなくなったあと、東京に帰った高橋是清を追い、上京するのです。その後、彼らは東京で学び、そこから海外に留学し、多くの建築物を見て独自に学んで、日本では前例のない西洋建築物を造っていったのです。

高橋是清は戦前の昭和恐慌を鎮めた、実力のある政治家でした。こうした壮大な人物に触れたこと、その人への好奇心やあこがれ、これこそが学習の原動力であり、それを満たす行為は即学習なのです。

一般的には、こうした感動があって学習する、だから成長すると思われていると思いますが、私は少し違うと思っています。体験的な学習で感動している様子を見ていると、子どもの感動の学習効果はもっと大きいのです。感動しているときの子どもの脳は激しく動いているはずです。きっとそれが子どもの成長を直接生み出しているのです。つまり、感動した瞬間に子どもは賢くなっているのです。

近年、探求することの重要性が語られています。そして古文の暗唱と探求は時に対立的に語られますが、その本質はきっと同じなのです。ですから効率よく伸ばすにはそれらをバランスよく実践していくことだと思うのです。

◉昔も今も日本人は高機能な脳を持っている

私の社会科の授業では、嘉蔵が蒸気船を宇和島で造ったという話をしたあとに、それに関連して「ペリーはどこを通ってアメリカから日本に来たでしょう」という話をします。みんな当たり前のように「太平洋を渡ってきた」と言いますが、実はペリー艦隊は太平洋を渡っていません。当時のアメリカの中心はニューヨークですから、ニューヨークから出発して大西洋を渡り、アフリカを回ってインド洋に入り、東南アジアを経由して日本にたどり着いたのです。

ほとんどの人が太平洋を渡ってきたと思っているのには理由があります。それは、明治の初めに咸臨丸《かんりんまる》が太平洋を渡ったという絵を教科書で見ているからです。咸臨丸は確かに太平洋を渡っています。それなら幕末にやってきた黒船も、当然、太平洋を渡ってきたのだろうと思い込んでしまうのです。

しかし、黒船は太平洋を渡っていません。では、幕末から明治の初めまでの短期間に日本人はどうやって太平洋を渡る技術を身につけたのでしょうか。太平洋のど真ん中で位置を知ったり、アメリカの方角に正しく向かっていくという航海術は誰が持っていたのでしょうか。それは瀬戸内海の村上水軍の末裔《まつえい》です。咸臨丸には彼らが乗船していたのです。太平洋を渡るのに、日本人は日本の伝統的な知恵を活用したのです。

教科書では、当時はいかにも日本の文化が低く、アメリカのほうが圧倒的に優れていたというイメージで語られていますが、実はそうではなかったのです。それに黒船は蒸気船だといいますが、本当でしょうか？　試しにその絵を確かめてみてください（次頁参照）。

私は昔から黒船の絵は不思議だなと思っていました。蒸気船なのに帆を掲げていたからです。むしろ帆船といったほうがいいのではないかと思うほどです。調べてみると、当時は蒸気だけで大西洋を渡るほどの力はなかったようです。だから、帆が必要だったのです。黒船はすごいと日本人は仰天しましたが、実際のところ、日本にはそ

蒸気船ミシシッピ号　THE ILLUSTRATED LONDON NEWS May 7, 1853. より
（横浜開港資料館所蔵）

の後急速に追いつく基礎技術があったのです。

　そうやって歴史上の事実をつなげていくと見えてくるのは、日本人の文化や知識・知恵に対する優位性です。もっと古い時代にさかのぼると、鉄砲などにも同じことが言えます。「ポルトガルの鉄砲が種子島で伝わった」と学校では教わります。そこで「では、あの時代、世界最大の鉄砲の量産国はどこですか」と子どもたちに聞くのです。

　答えは「日本」です。当時、鉄砲の大量生産ができたのは日本だけなのです。なぜならば、日本の鋳造《ちゅうぞう》技術は世界一だったからです。細い鉄の筒と球を大量に鋳造する技術は日本にしかなく、それも琵琶湖《びわこ》の北部と大坂の堺の二か所にだけありました。

ノーベル賞受賞者数（自然科学系）

	1901-1990年	1991-2000年	2001-2015年	合計
米国	156	39	56	251
英国	65	3	10	78
ドイツ	58	5	6	69
フランス	22	3	6	31
日本	5	1	13	19

※　2008年南部陽一郎博士、2014年中村修二博士は、米国籍であることから、米国に計上（内閣府作成）

ですから、琵琶湖北部は取り合いになりました。賤ケ岳《しずがたけ》の合戦とか姉川の合戦は琵琶湖北部を取り合った戦いです。また、織田信長が堺の自由都市を抑えにかかったのは、鉄砲を抑えにかかったのです。

こういう歴史の事実を見ていくと、日本の教育がいかに脳を高機能に働かせるかを考えて積み重ねてきたものであるかがわかります。

近年、毎年のように日本人研究者がノーベル賞を受賞しています。ノーベル賞の受賞者数を国際順位で見てみると、日本は総合五位です。ただし、戦後だけなら四位ですし、二十一世紀に限るとアメリカに次いで二位です。ドイツでもフランスでもイギリスでもなく、日本が二位なのです。

日本の大学の国際ランキングは落ちていても、日本人のノーベル賞受賞者の数は今も圧倒的なパフォーマンスを維持しています。大学の予算が絞られていても、そういう人たちが生まれてきているのです。

◉日本の教育はまだ優位性を失っていない

今、ＯＥＣＤ（経済協力開発機構）に加盟している国の中で、ＧＤＰに対する教育費の割合は日本が最下位です。しかしそれでも、ＰＩＳＡ（生徒の学習到達度調査）では二〇一二（平成二十四）年にトップを取っているのですから、驚異的です。

その理由はどこにあるのか。またなぜ日本人の頭脳は高機能なのかと考えたときに、江戸時代の寺子屋から始まる伝統的な基礎教育の存在に突き当たります。読み書き算盤を徹底してやってきたことが、日本人の能力を高めたのです。

特に人間の持つ潜在的な能力を引き出していく脳の高度化の可能性は、音読学習、古文漢文の素読の中にあると私は思っています。江戸時代からみれば、漢文は古典中の古典です。武士だけでなく庶民にも漢文を読ませて、日本は儒教文化の中で国を運営していました。別に科学を勉強したわけではないのに、国は回っていました。

あの時代、江戸は世界で最大の都市でした。水の供給や食料や生活用品などの物流からごみ処理まで、知恵が絞られていました。そして、庶民は歌舞伎などを楽しむゆとりを持っていました。

住まいは狭い長屋でしたが、それには理由があります。当時は木で作られた家が密集していて大火事で焼失しやすかったので、あえて家は簡素にして、火事があってもすぐに復旧できるようにしていたのです。

江戸時代の庶民の長屋の跡地を掘り起こすと、生活用品自体はいいものが使われており、意外にいい生活をしていたことがわかっています。さまざまな行政行為や商取引もすべて文書でなされ、算盤により高度な数値処理が行われていた国も当時は日本だけです。

そして、それらが可能だったのは寺子屋で行われていた基礎教育があったからです。江戸末期の寺子屋の数は、明治にできた学校とほぼ同数であったと言われますが、これが明治維新を可能にしたのです。

そうした史実があり、私はそこに古文漢文が持つ言葉の力を感じます。それはまず「読む」という作業によって人間の能力を開花させていくのだろうと思うのです。だから極端な話、読んでいる段階では意味が全くわからなくても問題ないのです。ただ、それを読んでいる中で、脳の中で何かしらの変化と成長が生まれるのではないかと思っています。「勉強とは脳を活用する練習である」と私が考える理由です。

そして、音読・素読は単に頭を良くするだけでなくて、人間性も良くしていきます。『学問のすゝめ』でも『論語』でも、繰り返し読むことで子どもはなんとなく意味がわかってきます。筋肉と同じように、脳細胞も鍛えられ強くなるからだと思います。だからこそ繰り返しが重要なのです。


現代教育は変に子どもに優しいのですが、本当に優しいのかというと疑問です。子どもたちにおもねって、子どもに何か問題があると、すぐに無理をさせないように言いますが、能力が育たないまま実社会に出たときに困るのは子どもです。

教育の目的は社会的自立です。だから、子ども時代に伸ばせるものは伸ばしておくというのは必要なことです。

海外で買い物をすると、海外の人はおつりが計算できないという話は過去によくされていました。今はレジの発達でそんなことを感じることはなくなりましたが、日本人は昔からあっという間にやってしまっていました。日本で九九や足し算・引き算が瞬時にできるのは当たり前ですが、これは世界の中では常識というわけにはいきません。

日本の学校教育はよく批判されますが、ＧＤＰはアメリカ、中国に次いで三位です。十分な国力を備えています。きちんと筋道を追って捉えるならば、日本の教育は基本的にまだ優位性を失ってはいないのです。

今は欧米の真似をしてアクティブラーニングを推進しようとしていますが、それらが成立するのも土台に読み書き計算があればこそです。江戸末期、日本が経済的に発展途上であってもアメリカやイギリスに占領されることがなかったのは、日本人の学力が高かったことも一因です。その後の日本の経済発展を支えたのも、日本人に知性と能力があったからでしょう。そうした日本の知性や能力は正当に評価する必要があると思います。

そこを深掘りしていくと、立腰教育や運筆練習にたどり着きます。これらは単なる道徳的な精神論として簡単に捨ててしまっていいものなのでしょうか。冒頭でも述べたように、最先端の教育とは何かと求めていろいろやってきた結果、たどり着いた先は寺子屋時代の教育法でした。私はこれを現代の教育に生かす方法こそ日本の未来を切り開くものと思うのです。

◉古典の持つ言葉の力を受け継ぐ

古典には言葉の力があります。言葉とはイメージであり、古典はイメージの力を生み出します。よく例に出すのですが、「下」という漢字を小学一年生で習います。「水」という漢字も一年生で習います。ところが、それぞれの漢字はわかっているのに、二つがくっついて「下水」という言葉になった瞬間、子どもはそれが何かわからなくなります。地下を走っているパイプを見たことがないので、「汚水が流れていくパイプが地下を通っている」と説明してもピンとこない。幅広い知識がないと「下水」は理解できないわけです。

でも、マンホールを開けて「ほら、水が流れているでしょ。これが下水だよ」と教えてあげれば、二度と忘れません。子どもはそうやって言葉を媒介にして、いろいろなものを習得していきます。「下水」を知らない子どもは、仮に「げすい」という読み方を覚えたとしても、それが何かイメージできません。だから、「下水」という言葉の入った文章はすらすら読めません。そういう語彙《ごい》力不足が読解力の低下に影響を与えています。

逆に「下水」という言葉がなかったとしたらどうでしょう。土管の中を開けて見たとしても、子どもはそれが何か理解できないでしょう。あるいは、そこにリンゴがあるとしても、リンゴという言葉がなければリンゴを認識させるのは難しいのです。

言語というものは、さまざまな要素、いろんなものの特性を一言で表現して伝えていきます。だからより多くのことを伝えようと思うのなら、より多くの言葉を知っておくことが重要です。特に抽象的な意味は、抽象思考の中でしか育ちません。

そういう意味で、言葉を学ぶことが学習の根幹と思います。また計算は数の世界の言葉です。ですから、これさえ高度に高められればあとは時代によるオプションと言っていいでしょう。これからは人工知能の時代と言われますが、人工知能は人間の思考を機械に移植したものであり、真の創造性まで生み出すことは難しいでしょう。結局、いかなる時代にあっても、脳の力を鍛えるという基礎教育は普遍的なものなのです。

古典にはさまざまな情緒とか難しい概念がたくさん入っています。古文漢文を読むということは、その時代の歴史や、そこでうごめいていた人間たちの行為や感情すらも受け入れるということです。しかも、それは究極の場面で削り出された珠玉の言葉で、みんなが「なるほどその通りだ」と思うから、千年二千年という時を超えて語り継がれ、今に残っているわけです。それをスタートラインに置くからこそ人類は発展できたのです。古典を粗末《そまつ》にすることは、自分たちの存在の基盤を見失うことだと言っていいでしょう。

また、そうした言葉を学ぶことは時間を超えて先人の心に共感していくことです。それにより、先人への敬愛の心が育《はぐく》まれ、そこからつながる自分への自信が生まれ、人間性が高まっていくのです。

私は、そもそも頭と学力と心を分けて考えることがおかしいと考えています。これらはすべて一体だと思うからです。ついでに言えば、体力も一体です。勉強は体全部でするものです。見えるものは見て、聞こえるものは聞いて、触れるものは触って、食べられるものは食べてみる。五感がセンサーとなって、「リンゴってかじったらこんな酸っぱいんだな」「甘いのもあるんだな」と学んでいきます。そういう体験と相まって言語が豊かになり、広がり、そして確実に習得されていくのです。経験から大小さまざまな感動が生まれ、脳が鍛えられていきます。

それを考えれば、音読をする際も、口の準備運動をして、しっかりした発声でテンポよく、そして姿勢を正してやることが効果的です。まさしく勉強というのは、体全体でなすものなのです。つまり知育、徳育、体育は基本的にはひとつです。「早寝、早起き、朝ごはん」が大事なのも、同じ理由です。体がしっかりしていないと、うまく頭が働きません。病気を乗り越えていく心の力も人間は備えていきますが、それも頭・心・体が一体となった学習を通じて身につくのではないかと思います。

◉AI時代に求められる学力とは何か

来《きた》るべきＡＩ時代になると、今ある仕事の大半がＡＩにとって代わられると言われています。まさに大激動の時代の訪れです。これに最も近いのは明治時代だったと私は見ています。明治には海外から西洋文明が大量に入ってきて、急速に文化文明が変わっていきました。その流れの中で、日本人は西洋文明を見事に自分のものとして、文化を成長させていきました。

その土台になったのは何かといえば、脳が高次元で機能していたことだと思います。それによって日本人は、変幻自在に新しい知識や知恵を習得できたのです。その土台を作ったのが江戸時代の寺子屋であったということも、すでに述べた通りです。

そう考えると、これからのＡＩ時代にも読み書き計算から得られる力が有効に機能するのではないかと私は思います。プログラミングの知識や技術もあればあったでいいのですが、それを生かすためにも、脳が高度に働くことが重要になってくるのです。間違っても基礎教育の重要性を「時代が違う」といってないがしろにすることがあってはなりません。教育の原点にあるのは読み書き計算です。幸い日本はそれが国の成り立ちの原点でもあります。

読み書き計算の反復学習の本質的な目的は、読み書き計算ができるようになることではなくて、それを通じて脳そのものの働きを高めていくことです。ＡＩ時代においても、その基本はいささかも変わらず、むしろその重要性は高まっていくと私は思うのです。

そして、それをさらに発展させるときに大事なのは好奇心でしょう。自動運転はどういう仕組みで可能になるのだろうかというように、好奇心を持つ。教科書でする勉強は脳を鍛えれば高速に終えることができます。子どもたちには、その先の好奇心を満たす豊かな体験をしてほしい。ノーベル賞受賞者の多くが、自然の不思議さから学問の世界に入っていったことは示唆に富んでいます。

ペリーがやってきたとき、日本人は小舟で漕《こ》ぎ出していって、黒船の乗組員にいろいろなことを尋ねています。それは好奇心のなせる業でしょう。ペリーはアヘン戦争を江戸の町人たちがほぼ正確に知っていたことに驚いています。鎖国をしていた日本人がどうして国際政治に通じているのかと。これは瓦版が出されるなど出版文化が栄えていたからですが、その前提にあるのは識字能力の高さでしょう。読み書きができたから、そういう情報を得ることができたのです。また、そういう知識が江戸の人たちの好奇心を一層かき立てていたのです。

読み書きの力は、インターネットがない時代にも情報を正しく伝え、受け取る力になっていたのです。そして、それらの情報をきちんと精緻に組み立てるのは計算の力によってなされました。

歴史学者の磯田道史《みちふみ》さんと親しくお話しさせてもらう機会がありました。そのときに伺ったのですが、磯田さんは小中学校の頃から、すごく歴史について調べていたそうです。そのうちに古典に興味を持つようになって、自分の家にあった古文書を読み始めたというのが出発点になっているということでした。

お話をしていて印象に残っている言葉があります。私が「なぜ明治に、アメリカやイギリスは日本を占領しなかったんでしょうね」と聞いたときに、磯田さんは「当時のアメリカやイギリスのＧＤＰを考えたら、東の端っこにある日本を制圧し続けるだけの財力がまだなかったからでしょう。中国のほうで相当労力を使っていますからね」と言われたのです。ここでＧＤＰの話が出てきたのに驚くとともに、とても面白いと思いました。

それが本当の理由だったのかどうかは別として、日本を征服するだけのＧＤＰがなかったという見方は、思わず「なるほど」と感心しました。軍事力の向こうにある経済的な数値によって歴史を見るという視点に私は「さすが専門家」と思いました。つい表面的なところから見てしまう至らなさを指摘され、目が開かれた思いがしました。

そしてこれは現代を見つめていく点でも変わりがないでしょう。経済だけでなく、国際関係も数字や計算の力によって動いていきます。結局のところ、いつの時代も大切なのは、読み書き計算という基礎基本をどれだけしっかり身につけているかということになるのではないでしょうか。それが国力を決めていくのです。

これは日本だけに限った話ではないでしょうし、ＡＩの時代になるからといって変わるものではないはずです。

子どもたちを指導していると、ある日突然、脳がまるで脱皮するように感じられる瞬間が訪れます。先にも述べたように、私はそれを〝突き抜け〟と呼んでいます。子どもたちが〝突き抜け〟を体験すると、「子どもとはこういうもの」という常識や「こうなるだろう」という予想が全く通用しなくなります。何が起こったのかとびっくりするほど急激に伸びていくのです。

そしてまた面白いのは、一人が〝突き抜け〟を体験すると、次々と他の子にも〝突き抜け〟が連鎖していきます。本当に子どもの可能性は底知れません。

教師はそういう場所に子どもを導いてあげる役目を担っています。そう考えると、まだまだ子どもたちのためにやらなくてはいけないことがたくさんあるように思いますが、実はそれらはこの〝突き抜け〟を生み出すという一点にあるようにも思うのです。

そう考えると、今はいろいろな習い事をやらせて、子どもの能力を分散させてしまう傾向が強いようにも思います。実はこれは〝突き抜け〟が起きにくい状態です。何かに没頭する。その瞬間をつくることが教育成功のもとだと思います。そして素読はそうした没頭を生み出す練習として、最も効果的であると私は考えるのです。

付録

音読のポイント
と
おすすめ音読テキスト

音読を行う上でのポイント

◉音読の三つの注意点

実際に音読をするときは、三つの注意点があります。

一つ目は、姿勢を正すこと。

二つ目は、最初はゆっくり始め、繰り返す中でだんだん速く読むこと。

三つ目は、口の形に注意して、体全体で発声する感覚で読んでいくこと。

「速く読む」というのは「早口で」という意味ではありません。言葉が詰まっている状態だと理解ができないので、スムーズにすらすらと読めるようにすることです。ただ、それが朗読とは違って「速いな」と思うぐらいのスピードで読むことが大切です。

◉作品選びのポイント

音読をする作品は、中途半端に子ども受けする、子どもに媚《こ》びるような作品はあまりよくありません。やはり昔から語り継がれている古文漢文の中から、名文と呼ばれているようなものを一通り読んでいくのがいいでしょう。

よく音読教材として学校から提供されているものは、面白おかしく笑えるようなものが多いのですが、これは何度も反復して読み味わうには適しません。古文漢文のような、読めば読むほど味わいが出るものをあえて選ぶことが大事です。

それ以外には、たとえばランボーの詩、中原中也《ちゅうや》の詩など、現代の名詩や文学作品などもいいと思います。

古典でいえば、『枕草子』や『おくのほそ道』などは一年生から始めてもいいでしょう。『徒然草』『方丈記』『源氏物語』などはややハードルが高いかもしれませんが、作品と作者に関心を持つきっかけになると思います。

　私の娘は、平安文学を暗唱しているうちに平安朝の天皇家に興味を持って、家系図に詳しくなりました。誰と誰が結婚して、こういう天皇になって、その子どもがどこに嫁いだと、詳しく話し始めたのでびっくりしたことがあります。どこに子どもが興味を持つかはわからないので、音読そのものを目的にするのではなくて、音読をきっかけとしてさまざまな古典に入っていくようにすればいいと思います。

　私は小学館から『徹底反復音読プリント』と『徹底反復音読プリント2』を出していますが、これらは実際に読ませて実績のあったものを厳選して掲載しています。ぜひテキストとして活用していただければと思います。

◉実践のコツ

　音読を家庭でやる場合は、あまり高い目標を設定しても難しいと思います。だから、家庭の中のひとつの文化みたいな形にして、古典の文章を親子で読んでみるとか、声に出してリズムを味わうくらいで十分でしょう。

　学校で実践する場合は、朝の最初の十分十五分程度の時間を使って、全校一斉にやるのが最も効果的です。朝は寝て起きた状態なので、脳が非常に軽くて入りやすいのです。朝、暗唱をして脳が目覚めると、子どもたちも活気づきます。

音読の実践の過程でわかってきたのは、「今月の暗唱」のような形で、例えば「今月は平家物語を一年生から六年生まで全員で暗唱する」というふうにすると、ものすごく勢いが出てくるということです。「お兄ちゃんもやっている」「お姉ちゃんもやっている」「弟や妹のほうが早く暗唱できちゃった」と、良い意味で競い合う意識が生まれてきます。それが相乗効果となって、みんなが暗唱できるようにもなります。だから、学校で実践するというのはやはり重要なポイントです。

また、学校であれば発表会みたいな場を設けて、多くの人に聞いてもらうのもいいでしょう。家庭の場合も、たとえば『枕草子』の文章を読んだあとに京都旅行に行ったとしたら、『枕草子』の舞台になった場所を見に行くというように、歴史と絡めていくのがひとつのコツです。要は、いろいろな学習との兼ね合いです。

◉長続きの秘訣

長続きさせる秘訣は、徹底反復の音読プリントの中から「これだけはやっておこう」というものをあらかじめ決めておくことです。長続きといっても、さすがに小一から小六までずっと毎日はなかなかできません。一年二年だけでもいいと思いますので、まずはとにかく「これだけは覚えておこう」というようなものを決めて、それを徹底的に反復して覚え込ませてしまうことです。

おすすめ音読テキスト

さぁ、実際に
音読してみよう!

●学問のすゝめ――福沢諭吉
●平家物語
●方丈記――鴨長明
●源氏物語――紫式部
●枕草子――清少納言
●万葉集
●おくのほそ道――松尾芭蕉
●論語
●漢詩
●徒然草――兼好

学問《がくもん》のすゝ《す》め

福沢諭吉《ふくざわゆきち》

天《てん》は人《ひと》の上《うえ》に人《ひと》を造《つく》らず人《ひと》の下《した》に人《ひと》を造《つく》らずと言《い》えり。されば天《てん》より人《ひと》を生《しょう》ずるには、万人《ばんにん》は万《ばん》人《にん》みな同《おな》じ位《くらい》にして、生《う》まれながら貴賤上下《きせんじょうげ》の差《さ》別《べつ》なく、万物《ばんぶつ》の霊《れい》たる身《み》と心《こころ》との働《はたら》きを以《もっ》て、天《てん》地《ち》の間《あいだ》にあるよろずの物《もの》を資《と》り、以《もっ》て衣食住《いしょくじゅう》の用《よう》を達《たっ》し、自由自在《じゆうじざい》、互《たが》いに人《ひと》の妨《さまた》げをなさずして、おのおの安楽《あんらく》にこの世《よ》を渡《わた》らしめ給《たも》うの趣意《しゅい》なり。されども今広《いまひろ》くこの人間世界《にんげんせかい》を見渡《みわた》すに、かしこき人《ひと》あり、おろかなる人《ひと》あり、貧《まず》しきもあり、富《と》めるもあり、貴人《きじん》もあり、下人《げにん》もありて、そのありさま雲《くも》と泥《どろ》との相違《そうい》あるに似《に》たるは何《なん》ぞや。その次第《しだい》はなはだ明《あき》らかなり。実語教《じつごきょう》に、人学《ひとまな》ばざれば智《ち》なし、智《ち》なき者《もの》は愚人《ぐじん》なりとあり。されば賢人《けんじん》と愚人《ぐじん》との別《べつ》は、学《まな》ぶと学《まな》ばざるとによりて出来《でき》るものなり。

平家物語《へいけものがたり》

祇園精舎《ぎおんしょうじゃ》の鐘《かね》の声《こえ》、諸行無常《しょぎょうむじょう》の響《ひびき》あり。娑羅《しゃら》双樹《そうじゅ》の花《はな》の色《いろ》、盛者必衰《じょうしゃひっすい》の理《ことわり》をあらは《わ》す。おごれる人《ひと》も久《ひさ》しからず、唯春《ただはる》の夜《よ》の夢《ゆめ》のごとし。たけき者《もの》も遂《つい》にはほろびぬ、偏《ひとえ》に風《かぜ》の前《まえ》の塵《ちり》に同《おな》じ。

遠《とお》く異朝《いちょう》をとぶらへ《え》ば、秦《しん》の趙高《ちょうこう》、漢《かん》の王莽《おうもう》、梁《りょう》の朱异《しゅい》、唐《とう》の禄三《ろくさん》、是等《これら》は皆旧主先皇《みなきゅうしゅせんこう》の政《まつりごと》にもしたがは《わ》ず、楽《たの》しみをきは《わ》め、諫《いさめ》をも思ひ《おもい》いれず、天下《てんか》の乱《みだ》れむ《ん》事《こと》をさとらずして、民間《みんかん》の愁《うれう》ふる所《ところ》を知《し》らざッしかば、久《ひさ》しからずして、亡《ぼう》じにし者《もの》どもなり。近《ちか》く本朝《ほんちょう》をうかがふ《う》に、承平《しょうへい》の将門《まさかど》、天慶《てんぎょう》の純友《すみとも》、康和《こうわ》の義親《ぎしん》、平治《へいじ》の信頼《しんらい》、此等《これら》はおごれる心《こころ》もたけき事《こと》も、皆《みな》とり〴〵《どり》にこそありしかども、まぢかくは六波羅《ろくはら》の入道前太政大臣《にゅうどうさきのだいじょうだいじん》平朝臣清盛公《たいらのあっそんきよもりこう》と申《もう》しし人《ひと》の有様《ありさま》、伝《つた》へ《え》承《うけたまわ》るこそ、心《こころ》も詞《ことば》も及《およ》ばれね。

方丈記《ほうじょうき》

鴨長明《かものちょうめい》

ゆく河《かわ》の流《なが》れは絶《た》えずして、しかももとの水《みず》にあらず。よどみに浮《うか》ぶうたかたは、かつ消《き》え、かつ結《むす》びて、久《ひさ》しくとどまりたるためしなし。世《よ》の中《なか》にある人《ひと》とすみかと、またかくのごとし。たましきの都《みやこ》のうちに棟《むね》を並《なら》べ、甍《いらか》を争《あらそ》へ《え》る高《たか》き賤《いや》しき人《ひと》の住《すま》ひ《い》は、世々《よよ》を経《へ》て尽《つ》きせぬものなれど、これをまことかと尋《たず》ぬれば、昔《むかし》ありし家《いえ》は稀《まれ》なり。或《あるい》は去年《こぞ》焼《や》けて、今年《ことし》作《つく》れり。

或《あるい》は大家《おおいえ》ほろびて小家《こいえ》となる。住《す》む人《ひと》もこれに同《おな》じ。所《ところ》も変《かわ》らず、人《ひと》も多《おお》かれど、いにしえ《へ》見《み》し人《ひと》は、二《に》三十人《さんじゅうにん》が中《うち》にわづ《ず》かにひとりふたりなり。朝《あした》に死《し》に夕《ゆうべ》に生《うま》るるならひ《い》、ただ水《みず》の泡《あわ》にぞ似《に》たりける。知《し》らず、生《うま》れ死《し》ぬる人《ひと》いづ《ず》かたより来《きた》りて、いづ《ず》かたかへか去《さ》る。また知《し》らず、仮《かり》の宿《やど》り、誰《た》がためにか心《こころ》を悩《なや》まし、何《なに》によりてか目《め》を喜《よろこ》ばしむる。その主《あるじ》とすみかと無《む》常《じょう》を争《あらそ》ふさま、いはば《わ》あさがほ《お》の露《つゆ》に異《こと》ならず。或《あるい》は露《つゆ》落《お》ちて、花《はな》残《のこ》れり。残《のこ》るといへ《え》ども、朝《あさ》日《ひ》に枯《か》れぬ。或《あるい》は花《はな》しぼみて、露《つゆ》なほ《お》消《き》えず。消《き》えずといへ《え》ども、夕《ゆうべ》を待《ま》つ事《こと》なし。

源氏物語《げんじものがたり》

紫式部《むらさきしきぶ》

いづ《ず》れの御時《おおんとき》にか、女御《にょうご》、更衣《こうい》あまたさぶらひ《い》たまひ《い》ける中《なか》に、いとやむ《ん》ごとなき際《きわ》にはあらぬが、すぐれて時《とき》めきたまふ《う》ありけり。

はじめより我《われ》はと思《おも》ひ《い》あがりたまへ《え》る御方々《おおんかたがた》、めざましきものにおとしめそねみたまふ《う》。同《おな》じほど、それより下﨟《げろう》の更衣《こうい》たちはましてやすからず。朝夕《あさゆう》の宮仕《みやづかえ》につけても、人《ひと》の心《こころ》をのみ動《うご》かし、恨《うら》みを負《お》ふ《う》つもりにやありけん、いとあつしくなりゆき、もの心細《こころぼそ》げに里《さと》がちなるを、いよいよあかずあは《わ》れなるものに思《おも》ほ《お》して、人《ひと》のそしりをもえはばからせたまは《わ》ず、世《よ》の例《ためし》にもなりぬべき御《おおん》もてなしなり。

上達部《かんだちめ》、上人《うえびと》などもあいなく目《め》を側《そば》めつつ、いとまばゆき人《ひと》の御《おおん》おぼえなり。唐土《もろこし》にも、かかる事《こと》の起《お》こりにこそ、世《よ》も乱《みだ》れあしかりけれと、や《よ》うや《よ》う、天《あめ》の下《した》にもあぢきな《の》う人《ひと》のもてなやみぐさになりて、楊貴妃《ようきひ》の例《ためし》もひき出《い》でつべくなりゆくに、いとはしたなきこと多《おお》かれど、かたじけなき御心《みこころ》ばへ《え》のたぐひ《い》なきを頼《たの》みにてまじらひ《い》たまふ《う》。

枕草子《まくらのそうし》

清少納言《せいしょうなごん》

春《はる》はあけぼの。
やうやう《よよ》白《しろ》くなりゆく山《やま》ぎは《わ》、
すこしあかりて、紫《むらさき》だちたる
雲《くも》のほそくたなびきたる。
夏《なつ》は夜。
月《つき》のころはさらなり、闇《やみ》もなほ《お》、
蛍《ほたる》のおほ《お》く飛《と》びちがひ《い》たる。
また、ただ一《ひと》つ二《ふた》つなど、
ほのかにうち光《ひか》りて行《ゆ》くもをか《お》し。
雨《あめ》など降《ふ》るもをか《お》し。

秋《あき》は夕暮《ゆうぐれ》。
夕日《ゆうひ》のさして山《やま》の端《は》いと近《ちこ》うなりたるに、
烏《からす》のねどころへ行《ゆ》くとて、三《み》つ四《よ》つ、
二《ふた》つ三《み》つなど飛《と》びいそぐさへあはれなり。
まいて雁《かり》などのつらねたるが、
いと小《ちい》さく見《み》ゆるは、いとをかし。
日入《ひい》り果《は》てて、風《かぜ》の音《おと》、虫《むし》の音《ね》など、
はた言《い》ふべきにあらず。
冬《ふゆ》はつとめて。
雪《ゆき》の降《ふ》りたるは言《い》ふべきにもあらず、
霜《しも》のいと白《しろ》きも、またさらでもいと寒《さむ》きに、
火《ひ》などいそぎおこして、炭持《すみも》てわたるも、
いとつきづきし。
昼《ひる》になりて、ぬるくゆるびもていけば、
火桶《ひおけ》の火《ひ》も、白《しろ》き灰《はい》がちになりてわろし。

万葉集《まんようしゅう》

持統天皇《じとうてんのう》

春過《はるす》ぎて夏来《なつきた》るらし白栲《しろたえ》の衣乾《ころもほ》したり天《あま》の香具山《かぐやま》

石川郎女《いしかわのいらつめ》

吾《あ》を待《ま》つと君《きみ》が濡《ぬ》れけむあしひきの山《やま》のしづくに成《な》らましものを

弓削皇子《ゆげのみこ》

古《いにしえ》に恋《こ》ふる鳥《とり》かも弓絃葉《ゆづるは》の御井《みい》の上《うえ》より鳴《な》き渡《わた》り行《ゆ》く

山部赤人《やまべのあかひと》

田子《たご》の浦《うら》ゆうち出《い》でて見《み》れば真白《ましろ》にそ富士《ふじ》の高嶺《たかね》に雪《ゆき》は降《ふ》りける

小野老《おののおゆ》

あをによし寧楽《なら》の京師《みやこ》は咲《さ》く花《はな》の薫《におう》ふがごとく今盛《いまさか》りなり

山上憶良《やまのうえのおくら》

憶良《おくら》らは今《いま》は罷《まか》らむ子《こ》泣《な》くらむそのかの母《はは》も吾《あ》を待《ま》つらむそ

田氏肥人《でんしのうまひと》

梅《うめ》の花《はな》今盛《いまさか》りなり百鳥《ももどり》の声《こえ》の恋《こい》しき春《はる》来《き》たるらし

志貴皇子《しきのみこ》

石《いわ》ばしる垂水《たるみ》の上《うえ》のさ蕨《わらび》の萌《も》え出《い》づる春《はる》になりにけるかも

柿本人麻呂《かきのもとのひとまろ》

磯城島《しきしま》の日本《やまと》の国《くに》は言霊《ことだま》のたすくる国《くに》ぞま幸《さき》くありこそ

大伴家持《おおとものやかもち》

新《あら》しき年《とし》の始《はじめ》の初春《はつはる》の今日《きょう》降《ふ》る雪《ゆき》のいや重《し》け吉事《よごと》

おくのほそ道《みち》

松尾芭蕉《まつおばしょう》

草《くさ》の戸《と》も住《す》み替《かわ》はる代《よ》ぞ雛《ひな》の家《いえ》

行《ゆ》く春《はる》や鳥《とり》啼《な》き魚《うお》の目《め》は涙《なみだ》

あらたふと青葉若葉《あおばわかば》の日《ひ》の光《ひかり》

風流《ふうりゅう》の初《はじ》めや奥《おく》の田植《たうえ》ゑ歌《うた》

夏草《なつくさ》や兵《つわもの》どもが夢《ゆめ》の跡《あと》

五月雨《さみだれ》の降《ふ》り残《のこ》してや光堂《ひかりどう》

暑《あつ》き日《ひ》を海《うみ》に入《い》れたり最上川《もがみがわ》

荒海《あらうみ》や佐渡《さど》に横《よこ》たふ《う》天《あま》の河《がわ》

石山《いしやま》の石《いし》より白《しろ》し秋《あき》の風《かぜ》

名月《めいげつ》や北国《ほっこく》日和《びより》定《さだ》めなき

論語《ろんご》

子《し》曰《のたま》わく、己《おのれ》の欲《ほっ》せざる所《ところ》は人《ひと》に施《ほどこ》すこと勿《なか》れ

子《し》曰《のたま》わく、義《ぎ》を見《み》て為《な》さざるは勇無《ゆうな》きなり

子《し》曰《のたま》わく、剛毅木訥《ごうきぼくとつ》、仁《じん》に近《ちか》し

子《し》曰《のたま》わく、知者《ちしゃ》は惑《まど》わず、仁者《じんしゃ》は憂《うれ》えず、勇者《ゆうしゃ》は懼《おそ》れず

子曰《しのたま》わく、朝《あした》に道《みち》を聞《き》けば、夕《ゆうべ》に死《し》すとも可《か》なり

子曰《しのたま》わく、学《まな》びて思《おも》わざれば則《すなわ》ち罔《くら》く、思《おも》うて学《まな》ばざれば則《すなわ》ち殆《あやう》し

子曰《しのたま》わく、故《ふる》きを温《たず》ねて新《あたら》しきを知《し》る、以《もっ》て師《し》と為《な》るべし

子曰《しのたま》わく、巧言令色鮮《こうげんれいしょくすく》なし仁《じん》

子曰《しのたま》わく、君子《くんし》は義《ぎ》に喩《さと》り、小人《しょうじん》は利《り》に喩《さと》る

子曰《しのたま》わく、徳《とく》は弧《こ》ならず、必《かなら》ず隣《となり》有《あ》り

漢詩

「偶成《ぐうせい》」
朱熹《しゅき》

少年《しょうねん》　老《お》い易《やす》く　学《がく》　成《な》り難《がた》し
一寸《いっすん》の　光陰《こういん》　軽《かろ》んず可《べ》からず
未《いま》だ覚《さ》めず　地塘《ちとう》　春草《しゅんそう》の夢《ゆめ》
階前《かいぜん》の　梧葉《ごよう》　已《すで》に秋声《しゅうせい》

「絶句《ぜっく》」　二首《にしゅ》　其《そ》の二《に》

杜甫《とほ》

江碧《こうみどり》にして　鳥逾《とりいよ》いよ白《しろ》く

山青《やまあお》くして　花燃《はなも》えんと欲《ほっ》す

今春《こんしゅん》　看《み》す看《す》す又過《またす》ぐ

何《いず》れの日《ひ》か是《こ》れ　帰年《きねん》ならん

徒然草《つれづれぐさ》

兼好《けんこう》

（つれづれなるままに）

つれづれなるままに、日《ひ》くらし硯《すずり》にむかひ《い》て、心《こころ》にうつりゆくよしなし事《ごと》を、そこはかとなく書《か》きつくれば、あやしう《しゅう》こそものぐるほ《お》しけれ。

（第《だい》百《ひゃく》十《じゅう》七《なな》段《だん》）

友《とも》とするに悪《わろ》き者《もの》、七《なな》つあり。一《ひと》つには、高《たか》く、やんごとなき人《ひと》。二《ふた》つには、若《わか》き人《ひと》。三《み》つには、病《やまい》なく、身《み》強《つよ》き人《ひと》。四《よ》つには、酒《さけ》を好《この》む人《ひと》。五《いつ》つには、たけく、勇《いさ》める兵《つわもの》。六《む》つには、虚言《そらごと》する人《ひと》。七《なな》つには、欲深《よくふか》き人《ひと》。

よき友《とも》、三《み》つあり。一《ひと》つには物《もの》くるる友《とも》。二《ふた》つには医師《くすし》。三《み》つには、智恵《ちえ》ある友《とも》。

あとがき

最近、教師の多忙化が問題となり、定年で退職する人の数の二倍近くの教師が中途退職する時代になっています。そのため講師ですら見つけられない深刻な教師不足が起きています。また、そういう状況が報道されることでますます教師の志願者が減る悪循環に陥っています。これは相当に深刻で、どんな対策をしても、数年は改善されることはないのです。

しかし私からすると、それは本当にもったいないことです。もし、この古典の音読や素読の指導を行い、子どもが無限に成長することの素晴らしさを感じ、子どもを伸ばす楽しさや醍醐味《だいごみ》を知ることができれば、教師の仕事が楽しく、多くの教師も辞めることはないだろうと残念に思います。事実、田川市の研修に参加した若者は「ここで教師をしていたら、絶対教師を辞めてなかった」と悔やんでいました。

岐阜市の梅林小学校では、この音読や読み書き計算の指導を柱に据えて指導することで急激に学力が高まり、子どもの問題行動が減ったそうです。そして子どもと先生の関係がよくなりました。その結果、学習がどんどん進むことで、子どもも先生も自由時間が増えたそうです。

福岡県の飯塚市や田川市、みやこ町、新潟県糸魚川市、宮崎県延岡市、滋賀県竜王町、福島県桑折町、山形県長井市、こうした自治体ではすべての小学校で陰山メソッドが実践され、子どもたちが伸びています。そしてそれらは劇的であり、感動的です。子どもも先生も地域も幸せに導くことができるのです。それに古典音読にはさほどの費用も手間もかかってはいないのです。

しかしここでいつも質問されることがあります。

「なぜ、こんな素晴らしい教育が広がらないのですか」

効果的な指導が広がっていく。それは当然なのですが、教師社会は閉鎖社会ゆえ、いい実践であるからこそ批判や誹謗中傷《ひぼうちゅうしょう》の対象になりがちです。

私も子どもを伸ばす以外の意図や、特定の思惑のために動いているかのように喧伝《けんでん》されたことがありました。そのためいらぬ誤解に苦しむこともありました。しかし私はその誤解を跳ね返すには、優れた実践を作るしかないと考え、努力してきたのです。

そして今、飯塚市をはじめ多くの地区で、本書で示した学力向上や子どもの心の成長、そして町や地域の発展という形で実践は花開きました。

筑豊地区をはじめ、私に期待してくださったみなさんのおかげでようやく古典音読のすばらしさが体現できたのです。

現在、多くの学校では個々の教師がばらばらに教材や指導方法を選んでいますが、これでは効果的ではありません。大切なのは、校長先生を中心に組織的に実践すること。その結果、学力の向上は積み上がっていくのです。この学校ぐるみで、音読や素読を推進すると、学習指導も生活指導も充実してきます。若い人にも実践してもらって、その効果を知ってほしいのです。

これからの学校の未来を明るくするには、飯塚市や田川市などの成功事例をたくさん用意し、そして多くの人に発信することが大事です。最近になり文部科学省もこうした現場での実践に注目し始めました。単に指導要領の内容を下ろすだけでなく、現場の創意をくみ上げようとする動きがあります。すでに飯塚市には文部科学省の政務官や、官僚が視察に来られています。

さらにこの実践をさらに高めるために、私は最近「陰山式スコーラ」という塾を始めました。その中でわかってきたのですが、この学習を推進する中で、かなりの低学力の子や学習障害のある子でも一～二年かけると普通か、それ以上の学力をつけることは可能であること、またもともと高い学力の子は数回読んだだけで、暗唱できるようになってきました。その子どもの成長は私の予想をはるかに超えています。まだまだ古典音読には可能性があるのです。

私は命続く限り、それを追い求めていきたいと思います。

今回の執筆に当たっては、致知出版社の小森さんや陰山ラボの天野さんに支えられ、ようやくできました。最後にそのことに感謝申し上げ、終わりたいと思います。

令和元年七月

陰山　英男

【参考文献】

『福澤諭吉著作集　第三巻　学問のすすめ』福澤諭吉・著（慶應義塾大学出版会）
『新編　日本古典文学全集　45　平家物語①』市古貞次校注・訳（小学館）
『新編　日本古典文学全集　20　源氏物語①』紫式部・著（小学館）
『すらすら読める枕草子』山口仲美（小学館）
『万葉集　全訳注原文付（一）～（四）』中西進・著（講談社文庫）
『ビギナーズ・クラシックス　おくのほそ道（全）』角川書店・編（角川書店）
『愛蔵版 仮名論語』伊與田覺・著（致知出版社）
『詩吟独習〈基礎編〉』渡辺吟神・著（ひかりのくに）
『中国古典詩聚花　山水と風月⑤』向島成美・著（小学館）
『日本古典文学全集　44　方丈記・徒然草・正法眼蔵随聞記・歎異抄』（小学館）
『新訂　徒然草』吉田兼好・著（岩波書店）

※巻末付録の音読用テキストは、音読しやすいよう、改行を加えた箇所、字下げをした箇所、旧仮名遣いを現代仮名遣いに改めた箇所、漢字を新字体に改めた箇所があります。

〈著者略歴〉

陰山英男（かげやま・ひでお）

昭和33年兵庫県生まれ。55年岡山大学法学部卒業。城崎郡内の小学校を経て平成元年より兵庫県朝来町立山口小学校教諭。公募により15年広島県尾道市立土堂小学校の校長に就任。18年京都市の立命館小学校副校長就任。現在は一般財団法人基礎力財団理事長、陰山ラボ代表。教育クリエイターとして全国各地で学力向上アドバイザーを務める。著書に『陰山メソッド徹底反復「音読プリント」』（小学館）『陰山英男の読書が好きになる名作』（講談社）など多数。

子どもの学力が
グングン伸びる古典音読

令和元年 八 月三十日第一刷発行

著 者 陰山 英男

発行者 藤尾 秀昭

発行所 致知出版社

〒150-0001東京都渋谷区神宮前四の二十四の九

TEL（〇三）三七九六—二一一一

印刷・製本 中央精版印刷

落丁・乱丁はお取替え致します。 （検印廃止）

© Hideo Kageyama 2019 Printed in Japan

ISBN978-4-8009-1212-1 C0037

ホームページ https://www.chichi.co.jp

Eメール books@chichi.co.jp

人間力を高める致知出版社の本

国語の力がグングン伸びる
1分間速《そく》音《おん》読《どく》ドリル

●

齋藤 孝 監修

●

毎朝１分の高速音読で頭がスッキリ目覚める！
小学校全学年対応の速音読テキスト

●B5判並製　●定価＝本体1,200円＋税

人間力を高める致知出版社の本

楽しみながら1分で脳が活性化する速音読

●

齋藤 孝 著

●

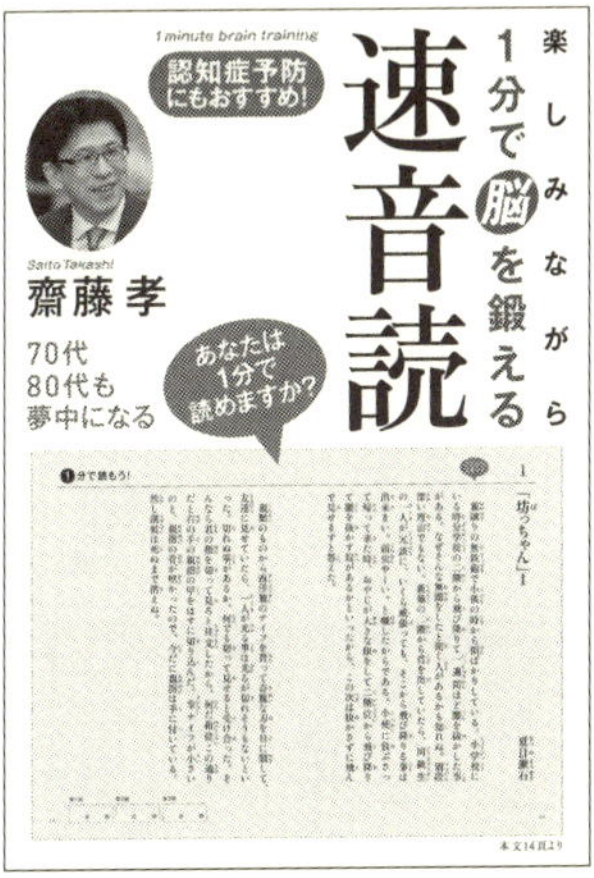

名作文学の書き出し＆クライマックスを
１分以内で読み切れるか挑戦！

●B5判並製　●定価＝本体1,300円＋税

人間力を高める致知出版社の本

素読《そどく》のすすめ

●

川島 隆太・齋藤 孝 著

●

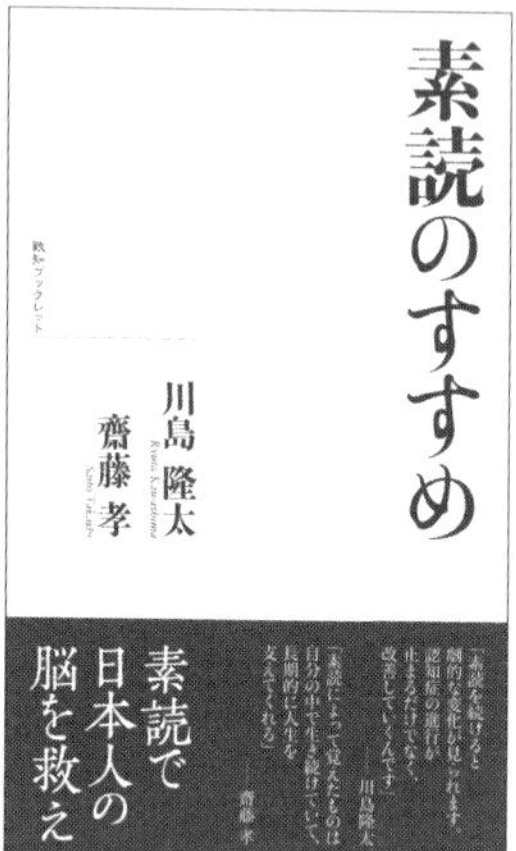

脳科学者が明かすスマホやSNSの驚くべき弊害。
素読と脳のメカニズムとは？

●新書判　●定価＝本体600円＋税

人間力を高める致知出版社の本

『大学』を素読《そどく》する(CD付)

●

伊與田《いよた》 覺《さとる》 著

●

古典の名著『大学』を全文墨書。
著者の素読 CD 付

●B5判並製　●定価＝本体1,600円＋税

人間力を高める致知出版社の本

愛蔵版　仮名《かな》論語

伊與田 覺 著

わが家に一冊、仮名論語
『論語』素読の決定版

●B5判上製（化粧箱入り）　●定価＝本体5,000円＋税

人間力を高める致知出版社の本

1日1分、脳がシャキッと目覚める朝音読《あさおんどく》

◉

和貝 晴美 著

◉

医学博士も推薦。朝の音読で心と体、
脳の働きがスッキリ整う！

◉B5判並製　◉定価＝本体1,300円＋税

いつの時代にも、仕事にも人生にも真剣に取り組んでいる人はいる。
そういう人たちの心の糧になる雑誌を創ろう——
『致知』の創刊理念です。

CHICHI
致知
人間学を学ぶ月刊誌

人間力を高めたいあなたへ

●『致知』はこんな月刊誌です。
・毎月特集テーマを立て、ジャンルを問わずそれに相応しい人物を紹介
・豪華な顔ぶれで充実した連載記事
・稲盛和夫氏ら、各界のリーダーも愛読
・書店では手に入らない
・クチコミで全国へ(海外へも)広まってきた
・誌名は古典『大学』の「格物致知(かくぶつちち)」に由来
・日本一プレゼントされている月刊誌
・昭和53(1978)年創刊
・上場企業をはじめ、1,200社以上が社内勉強会に採用

—— 月刊誌『致知』定期購読のご案内 ——

●おトクな3年購読 ⇒ 27,800円
(1冊あたり772円/税・送料込)

●お気軽に1年購読 ⇒ 10,300円
(1冊あたり858円/税・送料込)

判型:B5判 ページ数:160ページ前後 / 毎月5日前後に郵便で届きます(海外も可)

お電話
03-3796-2111(代)

ホームページ
致知 で 検索

致《ち》知《ち》出《しゅっ》版《ぱん》社《しゃ》 〒150-0001 東京都渋谷区神宮前4-24-9